让学生创造着长大

—— 2022年版义务教育课程方案和课程标准
核心理念解析

张 华 / 著

教育科学出版社
·北京·

目　录

导言 ………………………………………………………… 1

> 我们并非长大了才有创造性，我们是在创造中成长。

第一章　历史回眸：我国课程改革的时代追求

> 对任何课程改革而言，课程哲学或理念是魂，课程纲要及相应的教科书、教学方式和评价体系是体。

一、我国课程改革的历史进程 ………………………… 8
二、2001 年课程改革与课程标准 …………………… 15
三、2017 年课程改革与课程标准 …………………… 29

第二章　国际视野：21 世纪的理想课程

> 未来教育的本质是培养学生运用过去的知识满足现在的需要，创造面向未来的自己的观念与思想。

一、未来教育观与课程理念 …………………………… 36
二、核心素养观与课程目标 …………………………… 37
三、理解性教学观与课程内容 ………………………… 39
四、跨学科学习观与课程统整 ………………………… 41
五、表现性评价观与课程评价 ………………………… 43

第三章　核心素养理念：指向信息时代课程体系的构建

> 核心素养是对农业和工业时代基本技能的发展与超越，其核心是创造性思维能力和复杂交往能力。

一、核心素养概念诞生的时代背景 …………… 48

二、核心素养内涵的比较研究 …………… 51

三、对核心素养内涵的再认识 …………… 59

四、核心素养与"双基"的关系 …………… 64

五、核心素养理念下的儿童观 …………… 70

六、核心素养与学习进阶 …………… 78

七、素养本位课程创生 …………… 82

第四章　"新三维目标"：课程核心素养的教学意义

> 践行核心素养观，意味着我国基础教育课程体系开始走向"新三维目标"：大观念、新能力、新知识。

一、课程核心素养的内涵及主要特征 …………… 86

二、课程核心素养与学科核心素养之关系 …………… 91

三、课程核心素养的教学意义："新三维目标" …………… 94

第五章　大观念课程与教学：追求概念性理解和核心素养的发展

> 人只有在表现理解时才能发展理解。概念性理解必须由学生通过亲身活动而获得，不能由别人代替。

一、时代呼唤学科核心素养 …………… 104

二、学科核心素养的本质内涵 …………… 105

三、学科大观念的内涵 …………… 110

四、大观念课程与教学的历史发展……………… 116

五、大观念课程与教学的设计要求……………… 119

第六章 学科实践教学：让学生像专家一样思考

> 知识+实践=素养。只有将学生的学科学习转化为学科实践，才有可能发展学生的学科素养。

一、学科核心素养与学科实践……………… 126

二、信息时代的学科教育……………… 131

三、学科实践教学的基本要求……………… 134

第七章 跨学科学习：为理解而学，为生活而学，为学科而学

> 产生跨学科理解、运用学科思维、实现学科整合是跨学科学习的基本特点和判断标准。

一、跨学科学习的时代背景……………… 140

二、跨学科学习的内涵……………… 141

三、跨学科学习的类型……………… 145

四、跨学科学习的哲学基础……………… 147

五、跨学科学习的基本理念……………… 151

六、素养本位跨学科学习的设计与实施……………… 152

第八章 项目学习：做中学，用中学，创中学

> 解放而不放纵，有指导亦有自由，这是教师指导学生进行项目学习的基本原则。

一、项目学习的历史发展、内涵与特征……………… 158

二、项目学习的理论基础……………… 161

三、项目学习的类型与课程定位 …………………… 167

四、素养本位项目学习的设计与实施 ……………… 171

第九章　素养本位评价：让学生在表现素养中发展素养

> 素养本位表现性评价设计呼唤"像教练一样思考"。

一、素养本位教育评价观 …………………………… 180

二、像教练一样思考 ………………………………… 182

三、确立"新三维目标" …………………………… 186

四、设计成功标准 …………………………………… 187

五、表现性任务设计 ………………………………… 190

六、表现性事件设计 ………………………………… 193

第十章　教师核心素养与教师课程领导：素养本位课程改革对教师的期待

> 未来学生需要未来教师来培养。未来教师意味着教师需要持续发展核心素养。

一、未来教师 ………………………………………… 198

二、教师核心素养与教学想象 ……………………… 199

三、教师行为改进与教学创造 ……………………… 202

四、让教师成为课程领导者 ………………………… 205

后记 …………………………………………………… 213

参考文献 ……………………………………………… 215

导 言

本书聚焦教育部于 2022 年 4 月颁布的义务教育课程方案以及语文等 16 个课程标准所体现的核心理念。由于本次义务教育课程改革是 2017 年普通高中课程改革的延续与发展，因此本书所阐述的核心观点同样适用于普通高中阶段。

一、2022 年版义务教育课程方案和课程标准的核心观念

我国现行的义务教育课程体系源自 2001 年基础教育课程改革。各学习领域课程标准修订版的颁布时间是 2011 年。过去 20 年尤其近 10 年是我国社会快速发展、急剧变革的时期，其中最显著的变化是我国已阔步迈入信息时代和知识社会。截至 2021 年 12 月，我国网民数量已达 10.32 亿，互联网普及率达 73%，网民使用手机上网的比例达 99.7%（参阅第 49 次《中国互联网络发展状况统计报告》）。信息时代和知识社会的主要特点是创新驱动与全球交往。以"专家思维"（expert thinking）和"复杂交往"（complex communication）为代表的高阶思维（high-order thinking）能力日益成为每一个公民的基本素养。这对我国基础教育提出了巨大挑战：以"双基"（基础知识、基本技能）为主要目标的课程与教学体系已正式成为历史博物馆里的陈列展品。为体现立德树人的总要求，迎接信息时代的新挑战，教育部继颁布 2017 年版普通高中课程方案和课程标准之后，适时推出了 2022 年版义务教育课程方案和课程标准。这次课程改革的根本任务是建构我国信息时代基础教育课程与教学新体系。

在我看来，2022 年版义务教育课程方案和课程标准的核心观念是：（1）基于未来教育观的课程理念；（2）基于核心素养观的课程目标；（3）基于理

解性教学观的课程内容；（4）基于跨学科学习观的课程组织；（5）基于表现性评价观的课程评价。这些观念有机联系、相互促进，共同绘就我国信息时代义务教育课程与教学体系的美好图景。

如果说2001年课程改革的根本理念是"为了每一个学生的发展"，目的在于把学生从应试教育的渊薮中解放出来，捍卫每一个学生的人格、尊严和学习权利，那么，在我看来，2017年普通高中课程改革和2022年义务教育课程改革的根本理念则是"让学生创造着长大，发展每一个学生的核心素养"。这是在教育价值观变革的基础上进一步走向教育知识观变革：让一切学科知识都变成学生探究和使用的对象，让一切知识、技能都成为发展学生核心素养的手段，让每一个学生在学习中经历知识的诞生和使用过程，让探究与创造成为每一个学生的学习和生活方式，让每一个学生创造着长大。

二、2022年版义务教育课程方案和课程标准的教学愿景

根据教育部要求，2022年版义务教育课程方案和课程标准于2022年9月开始在全国落地实施。

本次课程改革将课程目标定位于发展学生核心素养。所谓核心素养，是将"三维目标"（知识与技能、过程与方法、情感态度与价值观）融合起来，回到真实情境中去解决复杂问题的高级能力和人性能力，其核心是可普遍迁移的"概念性理解"（conceptual understandings）。核心素养与"三维目标"最根本的区别是增加了理解维度，学科的本质不再是"固定真理"或"学科事实"，也不只是"过程与方法"（它容易与"程序性知识"或"解题技能"混淆），而是可灵活使用的"概念性理解"，俗称"大观念"（big ideas）。这里的关键是让学科知识从事实走向理解。理解是植根心灵深处、转化为行动的人的思想。用美国哲学家、教育家杜威（John Dewey）的话说，理解就是知道事物如何运作并能够创造事物。

课程目标中增加理解维度以后，原来的学科知识和技能也必然发生改

变：知识变成了渗透理解的"活知识"；技能变成了在真实情境中"做事"的能力。这样，概念性理解（大观念）、新知识、新能力就构成了核心素养时代的"新三维目标"。

理解维度的确立，让我国课程与教学体系进入新阶段——创造阶段。它既是对"反创造"的传统教育的摒弃，又是对新课程改革以来某些"假创造"的超越。

新课程方案和课程标准所期待的理想课堂教学是怎样的？如果不得不用一个比喻来描绘，那就是：让教师像教篮球、排球、钢琴、舞蹈那样去教语文、数学、英语、科学、历史、地理等认知性学科。假如学生学篮球的时候都是整整齐齐地在篮球场上做篮球习题，而不是到篮球场上训练或打比赛，每一个人都认为这是可笑的。但人们却不认为学数学的时候天天做数学题可笑，这正是学生核心素养丧失的根源，也是本次课程改革试图改变之处。

在核心素养时代，教师该怎样教学？围绕概念性理解及核心素养确定课程目标，并据此提出引导问题；植根真实情境设计表现性任务（performance tasks），与学生一起制定任务完成后"好产品"的评价标准及评分规则，并让每个学生提前知道；将课程目标与表现性任务结合起来并围绕引导问题设计系列探究活动，这些活动也就是学生在平时课堂学习中要完成的系列子任务，它们累积成一个单元结束后要公开展示和评价的单元表现性任务；学生以学习共同体（即小组合作）的方式完成一个个探究活动及表现性任务，像展示篮球动作那样去表现概念性理解，主动对照标准不断完善自己的"产品"（products）。在这种教学中，概念性理解及核心素养是根本目的，一切知识、技能都变成发展概念性理解及核心素养的手段、副产品和伴随物。

之所以这样进行课堂教学，是因为概念性理解不可传授，学生必须像亲自吃饭那样去亲身实践，以获得概念性理解及核心素养；学生要像打篮球、弹钢琴那样学语文和数学。在表现理解中发展理解力，是素养本位课堂教学的总原则。用爱因斯坦的话说就是，最重要的教育方法是让学生去实际表现。

一次自上而下的课程改革，说到底是为自下而上激发广大教师的创造力提供机会与条件。期待每一位教师在课堂上的精彩创造！

三、本书结构

本书试图为教师理解、落实 2022 年版义务教育课程方案和课程标准提供理论视角与实践指南，试图在回答"是什么"和"为什么"的基础上引出"如何做"。全书由十章构成，现将各章核心内容概述如下。

第一章和第二章详细介绍了义务教育课程改革的历史背景和国际视野。任何有价值的课程改革必然植根于传统并创造历史。2022 年义务教育课程改革是 2001 年课程改革的继承与发展，也是 2017 年普通高中课程改革的延续与下移。它一方面植根绵延了 2500 年的中国教育智慧传统，另一方面继承自五四运动以来我国教育现代化和民主化的宝贵遗产。我国 1922 年新学制和新课程改革既是五四运动的有机构成，又极大地促进了我国教育和社会启蒙。自 19 世纪中叶以后，中国已成为"世界之中国"，因此义务教育新课程改革需要充分借鉴世界先进课程改革经验，并积极做出中国贡献。国际上波澜壮阔的未来教育运动、核心素养运动、理解性教学运动、跨学科学习运动、表现性评价运动，为我国构建具有"中国特色、国际水准"的基础教育课程体系搭建了舞台。我国义务教育课程改革需要积极融入世界课程改革，并贡献中国智慧。

第三章和第四章系统阐述核心素养理念和义务教育课程目标。核心素养理念是为迎接信息时代和知识社会的机遇与挑战而构建的教育改革理念。我国课程改革既需要形成真正体现我国学生发展特点与需求的自己的核心素养体系，又需要借鉴世界共同核心素养框架。唯有如此，才能站得高、看得远。确立核心素养理念需要摒弃早已陈旧过时的"双基观"，因为"双基观"只会带来惰性知识和僵化技能，它们对学生发展非但无用，反而有害。核心素养理念需要我们重新理解儿童并建立学习进阶（learning progression）观念。继普通高中课程改革提出学科核心素养以后，义务教育课程改革又一次原创性地确立课程核心素养①概念，由此诞生的"新三维目标"将引领两亿多中小学生由"做题人"转变为信息时代的"做事人"与"创造者"。

第五章和第六章探讨核心素养导向的课程内容与教学过程。从知识点教学走向大观念课程与教学，是义务教育课程改革以及普通高中课程改革的最大难点。个中原因，一方面因为我国教育长期忽视学生概念性思维的发展与培养，广大教师习惯了知识点（即学科事实）教学；另一方面，漠视逻辑思维和逻辑心性是中华民族长久以来的文化心理缺陷。在今天的信息时代，发展每一个学生和整个民族的逻辑思维和逻辑心性，是迫在眉睫的任务。概念性思维是批判性思维（critical thinking）的前提，批判性思维是创造性思维的基础。走向大观念课程与教学，意味着教师要学会针对所探究的单元主题，在课程标准所提供的核心概念的基础上，进一步提出核心概念并凝练成可迁移的大观念。因为概念不能从日常经验中归纳得出，所以教师需要在教学开始之前就提出概念。大观念即概念性理解或本质理解，大观念的重要特性是实践性和不可传递性，因此传统教学需要走向实践性教学和表现性教学，让学生身处真实情境并亲历真实实践，并以学习共同体和实践共同体的组织方式，通过"合法性边缘参与"（legitimate peripheral participation）发展概念性理解。

第七章和第八章探讨义务教育新课程改革所强调的两种重要学习方式——跨学科学习与项目学习。它们均指向素养本位的深度学习观。跨学科学习既是发展核心素养的内在要求，又是培养学生批判意识和自由人格的必要条件，它以发展学生的跨学科理解为直接目的。跨学科学习设计既要关注学生的年龄心理发展特征，又要关注学生的个性发展需要，还要关注当地社会生活特点。在确定跨学科主题之后，要围绕跨学科概念进行系统设计，并与各门学科学习形成有机联系，使二者相得益彰。信息时代的项目学习需要基于概念性理解及核心素养而设计，使之真正走向深度学习。

---

① 虽然在正式颁布的《义务教育课程方案（2022年版）》中未出现"课程核心素养"，但在课程方案和各学科课程标准修订过程中，确实正式提出过"课程核心素养"，本书是对课程改革理念的学术解读，故采用"课程核心素养"这一概念做相关阐述。

存在主义哲学所提出的"个人即项目"的理念，让学生做项目的过程同时成为自我建构和设计的过程。构成主义（constructionism）心理学所确立的"项目即公共产品"的理念，让项目学习成为学生创意物化和协作的问题解决过程。这两种项目理论是信息时代设计项目学习的重要理论基础。

第九章探讨素养本位课程与教学中占主导地位的评价方式"表现性评价"。由于概念性理解及核心素养不能通过选择题和简答题来评价，只能通过贯串概念性理解的真实表现性任务来评价，故表现性评价将日益成为广大教师日常教学工作中占主导地位的评价方式。这种评价让学生在表现素养中发展素养，故体现表现素养观。它将评价过程与课程、教学融为一体，故是教育性评价、持续性评价与过程性评价。走向表现性评价，是实施新课程的关键。

第十章探讨与素养本位课程改革相适应的教师发展观。我们需要基于未来教师的理念发展教师核心素养，让教师摆脱讲授主义（instructionism），做学生的倾听者、对话者与协作探究者。教师的角色要从知识传递者和讲授者转变为专家、教练、学科研究者与学生研究者。教师成为研究者的过程，也即成为课程领导者和创生者的过程。

广大教师才是义务教育新课程方案、新课程标准和新教科书的真正解读者。真诚期待每一位教师在课堂上创造课程改革的精彩篇章！

第一章
历史回眸：
我国课程改革的时代追求

构建中国信息时代基础教育课程新体系，需要继承两个宝贵传统并根据时代精神将之进行创造性转化：一是在五千年文明史基础上创生出的持续两千五百年的中国智慧传统，特别是从孔子到朱熹、王阳明等的儒家传统，以及道家、佛家传统；二是以五四运动及随后的新教育改革运动为标志的现代教育启蒙与民主化传统。智慧传统为教育民主化奠定文化基础，教育民主化则为智慧传统提供方向。二者的融合即"东方教育民主"，这是中国教育发展的永恒追求与愿景。

一、我国课程改革的历史进程

课程改革是社会变革的有机构成,并反过来影响社会变革。课程改革的方向、目标与内容既体现特定历史时期社会变革的重大主题,又受当时流行的社会思潮的影响。因此,理解课程改革及相应的课程标准,需要基于社会历史视野。践行课程改革则需要把握社会变革的发展趋势,立足每一个学生的真实发展需要,面向未来,让今日课程生长为学生的未来世界。

我国第一次现代意义的课程改革始于五四运动。这次课程改革由两部分构成:一是肇始于1919年并一直持续到1948年、自下而上兴起的民间的"新教育改革运动",二是1922年启动,由民国政府推进的自上而下的"新学制与新课程改革运动"。二者在基本精神、指导思想和改革方向上高度一致,都旨在实现教育民主。"新学制与新课程改革运动"也是广义的"新教育改革运动"的有机构成。

"新学制与新课程改革运动"是五四运动的有机构成,并极大地促进了"五四"启蒙精神的广泛传播与深入发展。五四运动有两个特征或两大主题:启蒙与救亡。"启蒙"即人的理性觉醒与自由运用,这是一种自下而上的思想解放运动。"救亡"即社会革命或斗争,这是一种自上而下的旨在彻底改造社会的政治革命、斗争或运动。五四运动的基本性质可概括为"启蒙与救亡的双重变奏"。(李泽厚,2008)在这两大主题中,"新学制与新课程改革运动"显然集中体现了启蒙精神,而救亡图存的追求则是间接的。

1923年,中国发生了百年来非常重要的学术论战之一——"科玄论战"。该论战亦是广义的五四运动的组成部分。"科玄论战"可划分为前后两个阶段:前一阶段是以胡适、丁文江为代表的自由派,联手以陈独秀为代表的激进派,打败以张君劢、梁启超为代表的保守派;后一阶段,即论战临近结束时,胡适与陈独秀的分歧彻底暴露,这表现在二人为《科学与人生观》一书所做的序文中。陈独秀主张"物质一元论"和"唯物的历史观",认为物决定心、经济基础决定上层建筑:"我们相信只有客观的物质原因可以变动社会，可以解释历史，可以支配人生观。"（胡适，2001）[182] 胡适则认为改变社会和世界的"客观的物质原因"中"应该包括一切'心的'原因"，即包括"知识、思想、言论、教育等事"。（胡适，2001）[183] 陈独秀明确反对胡适的观点："'心的'原因，这句话如何在适之口中说出来！离开了物质一元论，科学便濒于破产，适之颇尊崇科学，如何对心与物平等看待！！"（胡适，2001）[188] 因此，自"科玄论战"即20世纪20年代中后期以后，我国思想文化界形成三足鼎立的局面：保守主义、激进主义、自由主义。（汤一介，2006）三大思潮由此正式形成。

在我国20世纪上半叶，保守主义主张基于传统文化特别是儒学改造社会，代表人包括梁漱溟、梁启超、王国维、陈寅恪等，其基本观点可以用"中体西用"概括。激进主义主张彻底否定传统文化、走向文化与社会革命，代表人包括陈独秀、李大钊、鲁迅等，其基本观点可概括为"西体西用"。自由主义主张基于民主、科学等启蒙价值重建中国文化与社会，同时汲取传统文化中的优秀因素，创造出中西融合的新文化，实现社会民主或启蒙，代表人包括胡适、蒋梦麟、张东荪、丁文江、陶行知等，其基本观点可概括为"西体中用"。综观20世纪上半叶，社会文化发展的总体状况是：以自由主义为主体，保守主义和激进主义相辅佐，三大思潮之间保持良性互动，由此使文化、教育等事业一度繁荣。

从三大思潮来看，"新学制与新课程改革运动"显然集中体现自由主义思潮，兼顾激进主义与保守主义。（Zhang，2017）

1922年1月1日民国政府颁布了《学校系统改革令》。这是一份在中国课程改革历史上具有里程碑意义的文件，标志着中国教育现代化和教育民主化获得官方确认并系统推进。该文件的主要内容有两个：一是确立了"六三三"现代学制，该学制在我国一直沿用至今；二是规划了与现代学制相适应的现代课程体系，该体系依然是今日课程改革可资借鉴的范本。该文件的研制者系民国时期最重要的民间专业组织"全国教育会联合会"。当时在中国访问、演讲的杜威直接参与了该文件的研制。1919年10月，在山西太原，杜威参加了全国教育会联合会第五届年会，做了题为"教育上的实验态度"的演讲，为文件的制定指明了方向。全国教育会联合会第八届年会在1922年于济南召开,会议决定组建新学制课程标准起草委员会,选举胡适、黄炎培、经亨颐、袁希涛、金曾澄为课程标准起草委员会委员。委员会邀请全国各领域最杰出的学者担纲,负责各科课程标准研制,并由研制者署名发表。1923年,《新学制课程标准纲要》研制完成,随后据此标准编写教科书等课程资源,并在全国范围内实验新学制与新课程。(吕达,1999)

《学校系统改革令》依据杜威"教育即生长"的思想,即"教育之外无目的"的理念,确立了"请废教育宗旨、宣布教育本义"研制决议,最终形成新学制与新课程的"七大标准":1. 适应社会进化之需要;2. 发挥平民教育精神;3. 谋个性之发展;4. 注意国民经济力;5. 注意生活教育;6. 使教育易于普及;7. 多留各地方伸缩余地。(全国教育联合会新学制课程标准起草委员会,1925)[127] 这些"标准"实际上是课程理念、课程目的与课程实施原则的合一。

《新学制课程标准纲要》是中国第一份立足中国实践、拥有国际视野、依据教育科学、追求教育民主的课程标准体系。尽管各科课程标准极为简要,但质量一流,在同时期国际范围内亦属上乘之作。我国各门学校学科(school subjects)的现代形态就是由1922年课程改革正式确立起来的。

《新学制课程标准纲要》包括小学(1—6年级)、初级中学(7—9年级)和高级中学(10—12年级)三部分。小学课程包括国语、算术、卫生、公民、历史、地理、自然园艺、工用艺术、形象艺术、音乐、体育十一个科目,前四年卫生、公民、历史、地理合并为社会。初级中学课程包括社会科(公民、历史、地理)、言文科(国语、外国语)、算学科、自然科、艺术科(图画、手工、音乐)、体育科(生理、卫生、体育)六个学科。高级中学课程包括公共必修、分科专修、纯粹选修三类。其中,公共必修课程包括国语、外国语、人生哲学、社会问题、文化史、科学概论、体育(卫生法、健身法、其他运动)七个学科。文科专修课程的必修部分包括特设国文、心理学初步、论理学(即逻辑学)初步、社会科学之一种、自然科或数学之一种,外加选修部分。理科专修课程的必修部分包括三角,高中几何,高中代数,解析几何大意,物理、化学、生物三项选习两项,外加选修部分。以上为高中普通科。此外高中还包括职业科，分为师范科、商业科、工业科、农业科、家事科五类职业。

在学习时间安排上，小学授课以分钟计量。例如1—2年级每周至少1080分钟，3—5年级每周至少1260分钟，6年级每周至少1440分钟。每日可以酌情分为若干节，例如30分钟、45分钟或60分钟一节，间以休息。初级中学和高级中学采用学分制。

以上各科课程纲要大致按照目的、内容、方法、毕业最低限度的标准四个部分分科撰写。每门学科均邀请该领域权威学者来研制，并由新学制课程标准起草委员会审定。例如，小学国语作者为吴研因，初级中学国语作者为叶绍钧（叶圣陶），高级中学国语、特设国文、论理学初步三门学科的作者均为胡适，小学算术作者为俞子夷，小学公民作者为杨贤江，小学历史作者为朱经农、丁晓先，初中图画作者为刘海粟、何元、俞寄凡、刘质平，等等。由于课程标准由著名学者署名撰写，因此所形成的内容既遵循共同的要求和规范，又体现鲜明的个人风格。

课程纲要充分体现"七大标准"，将促进学生个性发展、发挥平民教育精神、重视生活教育作为核心原则贯彻始终。由于中国不同地域经济、社会和文化发展差异较大，因此课程纲要指出："各地方情形不同，决不能强求一律施行，关于未定各项选修科，职业科，及其他许多特殊学科，应请各地方各学校自行酌定办理。"（全国教育联合会新学制课程标准起草委员会，1925）[8] 因此，该课程纲要在课程管理权和决策权上主张国家、地方和学校彼此间的权力分享和互动，充分体现了多留各地方和学校课程"伸缩余地"的原则。

课程纲要在课程目的上重视培养学生的探究精神和运用知识解决真实问题的能力。例如，小学国语的课程目的规定："练习运用通常的语言文字，引起读书趣味，养成发表能力，并涵养性情，启发想象力及思想力。"（全国教育联合会新学制课程标准起草委员会，1925）[1] 初中语的课程目的规定："1. 使学生有自由发表思想的能力。2. 使学生能看平易的古书。3. 引起学生研究中国文学的兴趣。"（全国教育联合会新学制课程标准起草委员会，1925）[52] 高中国语的课程目的规定："1. 培养欣赏中国文学名著的能力。2. 增加使用古书的能力。3. 继续发展语体文的技术。4. 继续练习用文言作文。"（全国教育联合会新学制课程标准起草委员会，1925)[82] 这些规定不仅将语文的探究、欣赏和运用能力置于核心，而且纵向贯通、层层递进。其他各门学科均基于学科特点，将学生探究能力的发展置于课程目的的核心。

　　课程纲要在课程内容上注重选择具有理解性、探究性的重要学科主题或观念（ideas），避免罗列、铺陈记忆性、掌握性的烦琐学科知识事实。例如，初中地理课程纲要（王伯祥起草）选择了 12 个"教学要项"，即重要课程主题：地球的全体、陆地的位置、水面的形成、山岳的主干、水道的代表、气候的差别、物产的分布、人种的区分、交通的状况、世界各国的大势、重要的城市、世界的名胜。每一要项由不同观念或概念构成。例如，"地球的全体"由三大观念组成：鸟瞰中的地球（地球的实际状态）、太阳系下的地球（地球在本系的位置、地球与其他星球的关系）、人为经界之下的地球（地面上两极赤道和经纬度等假设线）。（全国教育联合会新学制课程标准起草委员会，1925)[48-51] 这样的内容设计为学生的探究学习和知识应用奠定了坚实的基础。

　　课程纲要在学习方法上强调体现学科特点的探究、研讨、考察、应用、表达等。例如，初中图画课程纲要详细规定了三种方法，即理论教授、实地观察、实技练习，并强调指出："理论教授和实技练习的并立施行，可说是技能教授上不可移动的原则，而实地观察，更不得不和二者并行。因为只有理论教授，而没有实地观察，则学者难于记取，必成空论之弊；一方面实地观察，一方面实技练习，则便于取法，易于发表，定能得事半功倍之效。"（全国教育联合会新学制课程标准起草委员会，1925)[67-68] 诸如此类的学科学习方法论，将真实的学科探究方法和态度转化为学生的学科学习，让学生在探究中学会探究，并通过探究促进个性与创造性发展。

　　对任何课程改革而言，课程哲学或理念是魂，课程纲要及相应的教科书、教学方式和评价体系是体。《新学制课程标准纲要》秉承"五四"启蒙精神，将教育民主的理念贯彻到每一个年级的每一门学科之中，从目的、内容、方法、评价诸方面加以落实。由此形成的课程纲要不但在当时是先进的，而且对今日研制课程标准依然有重要参考价值。课程纲要研制的组织、领导机制极为科学严谨。由最权威且具有广泛代表性的教育专业组织全国教育会联合会总体领导，由民主选举形成的新学制课程标准起草委员会具体组织，委员会酌请各领域最权威且热爱基础教育事业的专家起草纲要，起草完成后委员会组织专家审定，审定以后组织学校进行实验并广泛征求各方意见，最后经由教育部批准颁布。尤值得称道的是，每一门课程的课程纲要均由专家署名发表，既尊重知识产权，又便于将课程纲要与各专家的相应学术研究建立联系。由此形成的课程标准既具有实践性，又具有学术性；既具有普遍性，又体现学者的个性与风格。这一整套机制迄今仍是研制各教育专业标准可资借鉴的光辉范本。

总之，1922年新学制与新课程改革为我国教育走向民主化奠定了初步基础，提供了宝贵遗产。

1949年新中国成立以后，国家采用"一边倒"的政策，在教育领域引进苏联教育部部长凯洛夫（Ivan Andreevich Kairov）主编的《教育学》（简称"凯洛夫教育学"）作为新中国教育理论的基础，同时采用类似苏联的高度集权的教育管理体制。在这种体制下，课程被转变为教学内容，教学就是执行课程指令、传递课程内容的过程。广大教师和学生只能传递和接受课程，不能开发、创造课程。这样，"课程"概念在教育实践中被取缔，课程理论和课程研究也陷入"合法性危机"并最终消亡。（Zhang et al., 2003）

凯洛夫教育学用"教养和教学的内容"替代"课程"："所谓教养和教学底内容，我们理解为知识、技能、熟练技巧三者底连环，为了适应共产主义教育底目的，使青年参加社会主义社会各种关系复杂的体系，必须把知识、技能、熟练技巧三者传授给他们。教学内容具体表现于教学计划、教学大纲和教科书中。"（凯洛夫，1950）[93] 进而详细规定了不同年级的学科门类、内容、意义和教学时间。关于教学大纲，凯洛夫教育学规定如下："教学大纲在有系统的形式中，包括着一切构成教学科目内容的问题和题目底纲要。所有这些教材是考虑着学生底年龄特征，按照年级，即按照学年而排列的。教学大纲按照学科来决定知识、技能和熟练技巧底范围，并给教师指出教材底学习顺序和教学进度计划。"（凯洛夫，1950）[122]"教学大纲是教师底基本指导文件，……在大纲的开头，应有一个说明，其中要简明地叙述在学校中讲授该项科目的任务，指出所提工作内容的根据，并予以方法上的指示。接着是简明编定的大纲本文，不可用不同的方法去解释科目底各部分底范围和内容。在大纲中规定着科目底划分：主题、分题、节目。"（凯洛夫，1950）[125] 在中国，这个体系整整延续了50年，从1950年持续到2000年。

苏联自20世纪60年代以后，渐次放弃了凯洛夫教育学，但我国却一直坚持使用。到20世纪80年代中期，我国又发展出中国版凯洛夫教育学，并进一步将之体系化。这个体系的核心是主张教学过程是以传递间接经验或书本知识为核心的特殊认识过程，简称"特殊教学认识论"。这个理论的代表作是王策三教授的《教学论稿》。该书初版于1985年，2005年出了第二版。其中写道："教学大纲和教科书是课程的两个具体结构形式，比教学计划具体。旧中国称其为学科课程标准。"教学大纲的基本构成是："（1）'说明'。扼要地叙述本学科的目的和任务，选材的主要依据，以及有关教法的原则性建议。""（2）'本文'。列出教材的编、章、节、目的标题、内容要点和授课时数，实际作业的内容和时数，其他的教学活动，如参观、考试等的时数。""（3）（有的教学大纲还包括）参考书目、教学仪器、直观教具（电子技术手段）等。"（王策三，2005）[208-209] 这个结构是2001年以前我国所有学科教学大纲的基本样貌。

1978年，我国开启了改革开放历史新时期。改革开放政策的理论基础是"实践是检验真理的唯一标准"。在"救亡压倒启蒙"近50年之后，我国又走向了"危机关头，重新呼唤启蒙"的历史循环。这便迎来了"充满理想与激情的火热的80年代"，即"第二次思想启蒙"。如果说这次启蒙与五四运动有什么区别的话，那就是更加激进，对传统文化的批判和否定更加激烈。在"人的呼唤"和追求"个性自由"的时代背景下，1985年，国家颁布了《中共中央关于教育体制改革的决定》，提出了简政放权的教育政策导向。1986年，国家颁布了《中华人民共和国义务教育法》，开始实施九年义务教育。在改革开放的背景下，上海于1988年率先进行基础教育课程改革。为克服应试教育的弊端，适应素质教育要求，上海课程改革确立了以素质教育为核心、以个性发展为目标的改革方向，提出了促进学生、社会和学科三方面均衡发展的"三角形"素质教育模型，建构了必修课程、选修课程、活动课程相互促进的"三板块"课程结构。这次课程改革强调学生个性发展，鼓励学生自由选择，倡导活动课程与活动教学，诸如此类的理论探索和实践成就为我国新世纪的课程改革奠定了良好基础。

二、2001年课程改革与课程标准

进入新世纪以后，我国思想界开始反思自五四运动到20世纪80年代"新启蒙"运动的成就与问题，得出的结论是：启蒙是方向，文化为基础。中国既不能回到封闭、保守的君主专制老路，也不能盲目照搬西方的政治体制和社会制度。倘不能对传统文化进行深入理解并创造性转化，启蒙价值就失去了根基。于是中国迎来持续至今的"儒学热""传统文化热"。倘不能继承"五四"启蒙精神，完成启蒙大业，最终在中国实现民主、科学、平等、自由、人权、法治等现代文明精神和价值，中国就没有出路，传统文化也不会发扬光大。于是，保守主义、激进主义、自由主义三大思潮间的互动融合重新恢复。在此背景下，2001年6月8日，教育部颁布了《基础教育课程改革纲要（试行）》，拉开了2001年基础教育课程改革的大幕。

（一）2001年课程改革的起因

为适应改革开放需要，加快经济建设步伐，我国于1977年恢复高考制度。随着这一制度的推进，应试教育愈演愈烈。1997年5月，教育部基础教育司针对义务教育阶段课程的实施状况进行了大规模的抽样调查。调查范围包括全国9省市72个地区的16000多名学生，2500多名教师、校长和社会知名人士。调查结果表明：74%的校长、62%的教师认为教材中体现得较好的目标是基础知识与技能，与此形成鲜明对照的是，只有3%的校长、

4%的教师认为教材中体现得较好的目标是自主创造，2%的校长、4%的教师认为教材中体现得较好的目标是搜集、利用信息的能力，1%的校长、3%的教师认为教材中体现得较好的目标是健康。这意味着，广大校长和教师认为基础知识与技能是教材的核心构成，而自主创造，搜集、利用信息的能力，健康则被漠视，或处于课程的边缘。60%的教师与同事谈论最多的话题是基础知识与技能，近50%的教师与同事谈论最多的话题是解题技巧；与此形成对照的是，只有10%左右的教师与同事谈论个性发展、情感态度。这充分表明，广大教师和校长对课程目标的关注焦点是基础知识与技能。50%的校长和35%的教师认为在学生身上体现最好的目标是基础知识与技能，而在学生身上体现最差的目标依次是劳动态度与技能、动手能力、自主创造能力、搜集和利用信息的能力。这是必然的。当教材和教师把关注焦点置于基础知识与技能的时候，基础知识与技能必然成为学生发展的核心。（张华，2002）

应试教育片面强调基础知识、基本技能，以升学考试为唯一目的，以死记硬背、机械训练、题海战术为主要手段，由此损害学生健康，扭曲学生个性，泯灭学生探究能力和创造性。针对这种状况，2001年教育部颁布了课程改革的纲领性文件《基础教育课程改革纲要（试行）》，指出："大力推进基础教育课程改革，调整和改革基础教育的课程体系、结构、内容，构建符合素质教育要求的新的基础教育课程体系。"并提出如下六大改革目标，即著名的"六改变"：

> 改变课程过于注重知识传授的倾向，强调形成积极主动的学习态度，使获得基础知识与基本技能的过程同时成为学会学习和形成正确价值观的过程。
>
> 改变课程结构过于强调学科本位、科目过多和缺乏整合的现状，整体设置九年一贯的课程门类和课时比例，并设置综合课程，以适应不同地区和学生发展的需求，体现课程结构的均衡性、综合性和选择性。

> 改变课程内容"难、繁、偏、旧"和过于注重书本知识的现状，加强课程内容与学生生活以及现代社会和科技发展的联系，关注学生的学习兴趣和经验，精选终身学习必备的基础知识和技能。
>
> 改变课程实施过于强调接受学习、死记硬背、机械训练的现状，倡导学生主动参与、乐于探究、勤于动手，培养学生搜集和处理信息的能力、获取新知识的能力、分析和解决问题的能力以及交流与合作的能力。
>
> 改变课程评价过分强调甄别与选拔的功能，发挥评价促进学生发展、教师提高和改进教学实践的功能。
>
> 改变课程管理过于集中的状况，实行国家、地方、学校三级课程管理，增强课程对地方、学校及学生的适应性。
>
> （钟启泉 等，2001）[4-5]

由此观之，应试教育课程体系的基本特征是：课程目标是知识技能取向；课程内容是"繁、难、偏、旧"，且过于注重书本知识；课程结构呈严重的分科主义倾向；课程实施则过于强调接受学习、死记硬背、机械训练；课程评价是选拔取向；课程管理则是中央集权。课程是什么？在应试教育视野中，课程是使学生在中考和高考中获得成功的工具、手段。至于课程本身的引人入胜之处、课程对人的发展价值则被漠视或未得到应有的体现。这是诸多教育悲剧产生的根源。

（二）2001年课程改革的价值取向

确立体现时代精神的新的课程价值观、根治应试教育课程体系的弊端、构建符合素质教育要求的新的基础教育课程体系，是2001年课程改革的根本任务。

新课程的基本价值取向是：为了每一个学生的发展。这是贯串《基础教育课程改革纲要（试行）》的基本精神，是2001年课程改革的灵魂。

(钟启泉 等，2001)³⁻¹⁵

"为了每一个学生的发展"，意味着中国基础教育课程体系必须走出目标单一、过程僵化、方式机械的"生产模式"，让每一个学生的个性获得充分发展，培养出丰富多彩的人格。这是中国素质教育课程体系的根本要求。素质教育课程体系当然承担社会所赋予的人才选拔功能，但它把课程本身的引人入胜之处、课程的个性发展价值视为根本，让每一个个性充分发展的人去健康地接受社会的选拔和其他挑战。

"为了每一个学生的发展"，意味着21世纪的中国课程必须顺应时代潮流，追求下列课程理念。

第一，教育民主。这意味着课程必须谋求所有适龄儿童平等享受高质量的基础教育。这种课程既是平等的，又是高质量的。在这里，平等与高质量是内在统一、须臾不可分离的。一方面，平等内在地包含着高质量，如果将高质量从平等中人为剔除、不顾教育质量，那么这种课程就是软弱无力的平庸化课程，它徒具民主的形式，但从根本上背离了民主的要求；另一方面，高质量内在地包含平等，以平等（机会均等）为前提，如果只追求质量、不顾平等甚至践踏平等，那就会陷入精英主义的窠臼。

第二，国际理解。这意味着我国的课程体系必须追求国际性与民族性的内在统一，具体要求是：通过课程教育公民尊重所属文化体系，使公民产生强烈的文化认同感和民族自豪感；通过课程教育公民正确面对其他文化，能够欣赏不同文化的价值，能够尊重不同人、不同民族和文化的尊严与差异；通过课程教育公民在相互理解、尊重差异的基础上，以完全平等的地位与他人、他民族、他文化展开持续而深入的交往，发展同他人交流、分享和合作的能力。

第三，回归生活。回归生活世界的课程在目标上意味着要培养在生活世界中会生存的人，即会做事、会与他人共同生活的人。这种人既具有健全发展的自主性，善于自知，又具有健全发展的社会性，善于发现他人。回归生活世界的课程在内容上意味着要突破狭隘的科学世界的约束，要首先把科学世界理解为生活世界中的科学世界，生活世界尽管离不开科学世界，但却不只是科学世界，因此除了科学以外，艺术、道德、个人世界、自由的日常交往都是重要的课程资源,这些资源在教育价值上丝毫不亚于科学,而且只有当科学与这些资源整合起来的时候,它才能在学生走向"完善的人"的心路历程上贡献积极的力量。回归生活世界的课程在范围上意味着要突破狭隘的学校课程的疆域,要秉持一种"课程生态学"的视野,寻求学校课程、家庭课程、社区课程之间的内在整合与相互作用。

第四,关爱自然。这意味着课程必须把关爱自然、追求人与自然的可持续发展作为重要的价值追求。这种价值观一反传统课程体系中人与自然的二元对立、人控制和主宰自然的思维方式,运用整体主义的视野认识人与自然的关系,认为人是自然的人,自然由于人而使自身的意义得以显示和丰富,人不是自然的主宰而是自然的守护者,人与自然和谐统一。这是一种"生态伦理观"、一种"关爱伦理学"。这种价值观应成为变革现行课程体系特别是科学课程的重要精神力量。

第五,个性发展。这意味着课程必须尊重每一个学生个性发展的完整性、独立性、具体性、特殊性。还要看到,个性发展包含了社会性,个性的成长是在生活中、在持续的社会交往中进行的,因此课程应创设个性发展的社会情境。个性发展又是持续终身的、无止境的完善过程,因此要构建适应终身学习的课程体系。

上述五种理念是"为了每一个学生的发展"这一课程价值观的具体化,是新课程的基本价值追求。

(三) 2001年课程改革的课程目标

课程目标是课程价值观的具体化。新课程的价值转型必然导致目标重建。《基础教育课程改革纲要(试行)》指出:"新课程的培养目标应体现时代要求。"在我看来,这种时代要求主要体现在如下三个方面。

第一,新课程确立起新的知识观,从而走出了课程目标的知识技能取向。之前的课程体系过分强调了知识技能的确定性,把知识技能视为普遍的、僵化的、外在于人的、供人掌握的东西,由此导致课程目标的知识技能取向和课程实施的"灌输主义"倾向。这种课程体系必然是内容本位、教师中心的。新课程不再把知识技能视为凝固起来的供人掌握和存储的东西，它合理地承认知识技能的不确定性，认为知识技能的本质在于人们通过它而进行批判性、创造性思维，并由此建构出新的意义。基于这种新的知识观，新课程的目标超越了知识技能本位，使知识技能的获得过程同时成为学会学习和形成正确价值观的过程。通过确认知识的不确定性，新课程具有了探究本位、学生中心的性质。

新课程各科课程标准皆从知识与技能、过程与方法、情感态度与价值观三个方面厘定课程目标。在这里，"知识与技能"是指一门学科中对学生而言最有价值的学科知识事实。"过程与方法"是指对所选择的知识技能的反思、批判与运用。唯有如此，知识技能的意义才能被不断重新建构出来。"情感态度与价值观"就一门学科而言是伴随着对该学科的知识技能的反思、批判与运用所实现的学生个性倾向性的提升。当每一门学科都实现了三者的真正统一的时候，基础教育课程体系就完成了知识观的转型。这是我国基础教育课程与教学摆脱僵死的机械论、控制论窠臼的唯一选择。

第二，新课程确立起新的学生观，从而使个性发展成为课程的根本目标。新课程认为，学生不是被人塑造和控制、供人驱使和利用的工具，而是有其内在价值的独特存在，学生即目的。因此，个性发展是课程的根本目标。如何理解学生的个性发展？新课程认为，每一个学生既是具有独特性、自主性的存在，又是关系中的存在。所以，新课程从三大关系上理解学生的个性发展、规划课程目标，即学生与自我的关系（即"具有健壮的体魄和良好的心理素质，养成健康的审美情趣和生活方式"，等等）、学生与他人和社会的关系（即"具有社会责任感，努力为人民服务"，等等）、学生与自然的关系（即"具有初步的创新精神、实践能力、科学和人文素养以及环境意识"，等等）（钟启泉 等，2001）[4]。用一种整体的观点来全面把握学生的个性发展并将其视为课程的根本目标，这使我国基础教育课程体系具有了新的起点。

第三，新课程确立了课程与社会生活的连续性，从而使新课程植根于生活的土壤。新课程认为，课程不是孤立于生活世界的抽象存在，而是生活世界的有机构成；课程不是把学生与生活割裂开来的屏障，而是使学生与生活有机融合起来的基本途径。所以，回归生活世界是新课程的基本理念之一。帮助学生反思、体验、享受生活并提升、完善生活是新课程的基本追求。增进学校与社会的密切联系，增强学校生活的社会性，培养学生的实践能力、社会责任感和关心社会生活的态度，是新课程的目标、内容和实施过程的重要特色。（Zhang，2009）

（四） 2001年课程改革的内容与结构

这次课程改革在课程内容和结构上顺应国际课程发展趋势、课程现代化的要求以及中国的国情和教育传统，选择体现时代特色的课程内容，重建新的课程结构，体现课程的综合性、选择性与均衡性。

课程综合性，首先体现为学科领域的综合化。这包括三个方面的内涵：就一门学科而言，强调向学生的经验与生活回归；就不同学科而言，强调彼此间的关联；新设若干综合学科，如品德与生活、品德与社会、历史与社会、科学、艺术。其次体现为在整个基础教育阶段设置综合实践活动。综合实践活动是基于学生的直接经验，密切联系学生自身生活和社会生活，体现对知识的综合运用的课程形态。这是一种以学生的经验与生活为核心的实践性课程。（张华，2001a）综合课程与分科课程在学校课程结构中所占的比重随学生年龄和心理的发展而变化。小学阶段以综合课程为主，初中阶段设置分科与综合相结合的课程，高中以分科课程为主。

课程的选择性是针对地方、学校与学生的差异而提出的。这些差异在我国现在乃至今后相当长的时期内都是客观存在的。它主要涉及各级地方教育主管部门、学校（校长与教师）、学生如何选择课程，以及我们的教育能给地方、学校与学生提供多少课程。为进一步体现课程的选择性，在高中倡导选修制。教育面对的是一个个具有独特个性的学生，教育的根本目的和内在价值是促进每一个学生的个性发展。从这个意义来说，衡量课程改革成败的基本标志是看它是否促进了学生的个性发展。为此，课程结构必须具有选择性，应完善课程选修制以适应学生的个性差异。

课程结构的均衡性是依据个性整体发展的要求和素质教育的精神而提

出的，即我们要培养的是整体、和谐、均衡发展的人。或者说，我们需要培养的是"全人"或"一个完整的人"，而不是培养只得到某一方面发展的人。因此，在课程设计中，在考虑课程连续性的同时，必须要考虑课程的均衡性。一般说来，课程结构均衡性的内涵主要从三个层面体现出来：一是学习领域或学科与活动的规划、设计应体现全面、均衡的原则，如按某一教育阶段的培养目标设置什么科目或多少科目；二是各学习领域或学科与活动的课时安排应体现均衡性，而绝不是平均分配，如各领域或科目占多少课时，课时安排在学生学习进程中的位置等；三是课程内容的选择也要体现均衡的原则，在编制课程标准与教科书时，必须要对内容做出合理的选择：应该教什么？不应该教什么？这一单元在整个领域或科目体系中到底教多少内容才是恰当的？等等。

总之，实现了综合性、选择性与均衡性的课程就是指向于学生整体、和谐、有个性的发展的资源。

（五）2001年课程改革的学习、教学与评价方式

这次课程改革以转变学生的学习方式与教师的教学方式为重点。建构发展性课程评价体系则是课程改革的关键。首先，倡导自主、合作、探究的学习方式。新课程引导学生学会质疑、调查、探究，在实践中学习，促进学生在教师指导下主动地、富有个性地学习。新课程转变学习方式的思路包括两个方面：在每一门学科中为学生的自主、合作、探究学习创造空间；通过综合实践活动课程为学生的自主、合作、探究学习开辟更加自由、广阔的天地。其次，倡导交往的教学观。新课程强调教师在教学过程中应与学生积极互动、共同发展。教师应尊重学生的人格，关注学生的个体差异，满足不同学生的学习需要，创设能引导学生主动参与的教育环境，激发学生的学习积极性，培养学生掌握和运用知识的态度与能力，使每个学生都能得到充分的发展。总之，摒弃"塑造文化"，建构"交往文化"，是教学改革的重点。再次，倡导发展性课程评价体系。评价改革是整个课程改革的关键环节。新课程倡导评价的发展功能，强调对学生的发展价值、

对教师的发展价值，以及对课程本身的改善价值，建立发展性课程评价体系。

（六） 2001 年课程改革的课程管理

这次课程改革倡导三级课程管理。《基础教育课程改革纲要（试行）》中写道："为保障和促进课程对不同地区、学校、学生的要求，实行国家、地方和学校三级课程管理。"（钟启泉 等，2001）[11] 由此诞生了"国家课程""地方课程"与"学校课程"（也称"校本课程"）的概念。那么，三级课程是什么关系？三级课程管理的本质是什么？所谓国家课程，是指国家超越地域、文化等限制而确定的所有学生的发展目标及相应的课程内容、课程实施与评价方式。国家课程面向全体学生，因而既是抽象的，又是富有弹性、留有余地的，它需要不同地方和学校将之具体化。所谓地方课程，是指根据地域文化的发展特点和需求，为创造性实施国家课程而确立的课程体系，是国家课程的地方化。地方课程是国家课程与地方文化的融合，本质上是多元文化课程，集中体现了"地方即课程"（the place as curriculum）的理念。地方课程是对国家课程的第一次转化与创生。所谓学校课程，是根据每一个教师的专业特点和每一个学生的个性发展需求，结合每一所学校的独特文化传统，通过创造性实施国家课程与地方课程而创生的教师与学生的课程。学校课程包括相互联系的两个方面：一是国家课程、地方课程的校本化实施与创生；二是为进一步体现教师、学生和学校发展的需求而创造的学校特色课程。学校课程本质上是国家课程、地方课程与学校教育实践的融合，它集中体现了"实践即课程"（the practical as curriculum）的理念。学校课程是对国家课程的第二次转化与创生。

由此观之，三级课程管理政策的本质是课程决策权力的分享和互动。课程改革的过程不是国家对地方和学校施加控制的过程，也不是国家、地方和学校我行我素的过程，而是三方面在交往、合作、对话中不断达成共识的过程。因此，三级课程管理是深层的教育民主的体现。（张华，2014）

（七）2001 年课程改革的组织与推进过程

这次课程改革是在国务院宏观指导下，由教育部具体组织、领导与推进的。为深入、系统、高效领导课程改革，由教育部基础教育司具体指导，教育部基础教育课程教材发展中心负责组织实施。教育部成立基础教育课程改革专家工作组，负责课程改革理论研究；同时成立国家课程标准研制组，负责各学科课程标准的具体研制工作。具体参与课程政策制定和课程标准研制的人员包括教育部和地方主管行政领导、课程理论专家、学科教育专家、学科专家、中小学校长和教师代表等。为深入进行课程改革相关问题的理论研究和实践指导，教育部牵头在有代表性的师范大学和综合性大学成立基础教育课程改革研究中心。2000 年以后，伴随课程改革的推进，许多大学特别是师范类大学纷纷成立课程与教学系、课程与教学研究所，课程改革研究的理论力量得到加强。

这次课程改革的推进过程大致分为三个阶段，即课程开发阶段、课程实验阶段、课程推广阶段。课程开发阶段大致从 1999 年教育部颁布《面向 21 世纪教育振兴行动计划》和国务院召开第三次全国教育工作会议开始，一直到 2001 年 6 月全国基础教育工作会议召开。在此期间，教育部组织研制《基础教育课程改革纲要（试行）》初稿、义务教育阶段 18 个学科课程标准实验稿，编写审定了各学科实验教材。课程实验阶段从 2001 年 6 月全国基础教育工作会议的召开开始，以《国务院关于基础教育改革与发展的决定》和《基础教育课程改革纲要（试行）》的颁布为标志。2001 年 9 月，新课程在覆盖全国范围的 38 个县级实验区同时开展实验，一年级和九年级使用新的课程方案、课程标准和教科书，共有 20 个学科 49 种实验教材投入实验，包括小学 7 个学科、初中 13 个学科。其他年级同步实验新课程理念和课程标准。课程推广阶段始于 2004 年。在全面总结实验区经验的基础上，义务教育阶段所有年级、所有学生于 2004 年 9 月起全面使用新课程。普通高中阶段，2003 年教育部颁布《普通高中课程方案（实验）》和普通高中各学科课程标准。2004 年 9 月，普通高中新课程在山东、广东、海南、宁夏四个省（自治区）范围内开展实验，高中一年级全部采用新课程。在义务教育新课程实施10年以后，教育部于2011年颁布修订版的各科课程标准，并审定出版相应教科书，旨在总结实验经验，吸纳最新研究成果，完善新课程体系。

总之，这次课程改革的组织与推进始终坚持科学决策、民主参与的原则，始终贯彻"先立后破、先实验后推广"的工作方针，由此使课程改革的实践推进平稳有序，受到广大中小学教师、学生和社会的欢迎。

（八） 2001年课程标准的特色

由于受苏联教育管理体制和凯洛夫教育学的影响，作为教学内容的指令性、强制性规定的教学大纲在我国实行了48年（1952—2000年）。2001年课程改革顺应国际趋势，建立新课程理论，采用"课程标准"（curriculum standards）这一术语。对"课程标准"这一术语的界定以及对其内容的要求，构成《基础教育课程改革纲要（试行）》的第三部分内容。文件中写道："国家课程标准是教材编写、教学、评估和考试命题的依据，是国家管理和评价课程的基础。应体现国家对不同阶段的学生在知识与技能、过程与方法、情感态度与价值观等方面的基本要求，规定各门课程的性质、目标、内容框架，提出教学和评价建议。"这里明确指出"三维目标"是课程目标的基本要求，改变了传统教学大纲只是硬性规定教学内容的做法。该文件进一步规定："义务教育课程标准应适应普及义务教育的要求，让绝大多数学生经过努力都能够达到，体现国家对公民素质的基本要求，着眼于培养学生终身学习的愿望和能力。""普通高中课程标准应在坚持使学生普遍达到基本要求的前提下，有一定的层次性和选择性，并开设选修课程，以利于学生获得更多的选择和发展的机会，为培养学生的生存能力、实践能力和创造能力打下良好的基础。"这里不仅指出不同年龄阶段的课程特性，而且指出面向21世纪的高级能力要求，如终身学习能力、生存能力、实践能力、创造能力。

从教学大纲到课程标准不只是术语的改变，更根本的是课程理念的深刻变革。这至少包括如下方面：第一，课程标准主要是对学生在经过某一学段之后的学习结果的表现性描述，而不是对教学内容的具体规定；第二，课程标准是国家或地区的教育行政部门、或专业学术组织、或二者合作制定的面向全体学生的共同基础要求，而非面向少数学生的最高要求；第三，课程标准对学习结果的描述具有可理解、可交流、可评价性；第四，课程标准意味着教师不是教科书的执行者，而是课程开发者，即教师"用教科书教"，而不是"教教科书"；第五，课程标准的目标要求应包含每一个学生个性发展的整体，包括知识、能力、情感态度与价值观诸方面，而不能只罗列学科知识条目。（钟启泉 等，2001）[172]

　　这次课程改革憧憬一种新的课程文化，倡导课程决策的对话与合作，强调课程的民主性。课程本身就是一种对话，是所有与课程有关的人员或部门之间的对话。由于儿童是国家的希望、民族的未来，儿童的发展是全社会的焦点，因此把什么样的课程教给儿童，或者说儿童需要什么样的课程，不能让某个专家或某一群人来决定，需要社会各界人士的对话与协商，特别是在国家课程标准的制定上。2001年课程改革在国家课程标准制定时就非常强调对话与协商，尽可能创造各种机会，让课程专家与学科专家、专家与教师、专家与社会人士代表分别参与对话，或让他们共同参与对话。同时，把课程标准作为文本，要求专家、教师、学生及其他相关人士不断地解读，并与之"对话"。

　　总之，中国的课程标准既不是类似"产品说明书"那样的操作指南，也不是类似"产品质量规格"那样的验收、检验或评价学生是否合格的标准；既不是教育部对广大教师下达的必须忠实执行的教育指令，也不是所谓权威专家为学校教师提供的可以照单抓药、包治百病的教育良方。课程标准是国家根据时代精神的发展趋势、社会的发展需求和每一个学生的发展需要，对一个学习领域或学科所提供的理念引领、目标规划、内容选择和实施建议。因此，课程标准不是限制教师课程开发和教学行为，而是为教师的课程与教学创新提供引领和帮助。课程标准的颁布就是对教师和学生发出的"请柬"，邀请每一个教师和学生在课堂上进行探究与创造，以使自己的学校生活过得难忘而富有意义。

（九） 2001 年课程改革的理论基础及相关争论

这次课程改革坚持"国际视野、本土行动"的总原则，积极借鉴先进的国际教育理论并做出创造性转化，例如杜威的教育哲学、保罗·弗莱雷（Paulo Freire）的对话教学思想、皮亚杰（Jean Piaget）与维果茨基（Lev S. Vygotsky）的建构主义教学观、加德纳（Howard Gardner）的多元智能理论、多尔（William E. Doll, Jr.）与派纳（William F. Pinar）等人的"后现代课程改革"、佐藤学的"学习共同体"思想等，一时间，中国的教育理论界繁花似锦，告别了凯洛夫教育学一统天下的沉闷局面，这是新中国成立以来的第一次。2001 年课程改革在中国教育理论重建方面具有划时代的意义。

不可避免的是，新课程改革遭受了原凯洛夫教育学坚持者的强烈抵制。在新课程投入实验三年以后，北京师范大学王策三教授于 2004 年发表长文《认真对待"轻视知识"的教育思潮——再评由"应试教育"向素质教育转轨提法的讨论》，基于凯洛夫教育学的立场，主张"坚决摒弃由'应试教育'向素质教育转轨的提法"，认为新课程改革体现了一种"轻视知识"的教育思潮，从理念到实践均是错误的。王策三教授所说的"知识"，是指"前人、他人实践、认识的成果"，即"间接经验"或"书本知识"。（王策三，2004）时任教育部新课程改革专家工作组组长、华东师范大学钟启泉教授和有宝华博士于同年发表《发霉的奶酪——〈认真对待"轻视知识"的教育思潮〉读后感》（钟启泉 等，2004）并于次年发表《概念重建与我国课程创新——与〈认真对待"轻视知识"的教育思潮〉作者商榷》。（钟启泉，2005）钟启泉教授认为，中国教育理论应当对传统的凯洛夫教育学进行"概念重建"，新课程改革同时是中国教育理论的创新，核心是对"知识""学习"和"课堂文化"的"概念重建"。2008 年，王策三教授又针对钟启泉教授的观点发表长文《"新课程理念""概念重建运动"与学习凯洛夫教育学》，通过比较新课程理念与凯洛夫教育学，认为新课程理念"本质上不符合现代学校教育的基本规律"，"不能指导课程改革"，而凯洛夫教育学"具有基本合理性",体现、寓有"现代学校教育普(世)适性原理"。(王策三,2008)2010年,王策三教授又发表《台湾教改与"我们的课改"》,比较了中国台湾与中国大陆的课程改革,认为二者存在相似的理论错误和实践误区,其主要问题都是"轻视知识",得出的结论是"台湾教改不成功;'我们的课改'或也如此"。(王策三,2010)2009年,针对王策三教授的系列论述,钟启泉教授又发表长文《凯洛夫教育学批判——兼评"凯洛夫教育学情结"》,钟启泉教授认为,凯洛夫教育学本质上是斯大林文化专制主义的产物,并不是真正意义的教育理论。它是一个"儿童缺失的教育学"、并无学术基础的教育学。早在20世纪50年代末,随着苏联的社会转型,凯洛夫教育学就逐渐退出苏联的历史舞台。日益融入国际舞台、日益走向深度改革开放的中国,"重新捡起'学习凯洛夫教育学'的口号,不仅没有任何积极意义,而且是一种历史的倒退"。(钟启泉,2009)

这场持续长达六年以上的争论分为两个阶段:第一阶段主要围绕新课程理念是否正确、是否应当由应试教育转向素质教育而展开;第二阶段主要围绕新中国成立以后我国从苏联引进的凯洛夫教育学及其中国化的产物"特殊教学认识论"而展开。众多学者加入讨论之中,发表的论文有几十篇之多。这场争论被教育学术界与实践界称为"钟王之争"。它充分证明:任何真正的课程改革不仅是实践变革的过程,而且是理论重建的过程;教育启蒙与教育民主不只是一个事件,而且是一个永无止境的过程;中国走向"东方教育民主"的过程曲折而漫长,但这是永恒的方向与希望,2001年课程改革已经朝"东方教育民主"迈出了坚实步伐,并将继续走下去。

总之,"教育民主""个性发展""回归生活"等课程理念,知识与技能、过程与方法、情感态度与价值观等"三维目标",自主、合作、探究等学习的方式,国家课程、地方课程、学校课程三级课程管理,如此等等,共同构成2001年课程改革的理论与实践体系。这与1922年新学制与新课程改革的"七大标准"或"七大指导思想"形成跨世纪呼应。两次课程改革的共同特性是:旨在完成启蒙大业,实现"东方教育民主",解放每一个学生、每一个教师,促进学生个性发展和教师专业成长。

三、2017 年课程改革与课程标准

进入 21 世纪以后，中国社会的信息化迅猛发展。人是制造和使用工具的动物，工具的变化必然带来人本身的变化。当计算机、互联网、手机、人工智能等信息技术手段成为人们生产和生活的基本工具的时候，它必然影响人的思维方式、交往方式和价值取向，也必然带来人的发展的新特点、新需求和新问题，由此对教育提出新要求。中国迫切需要建立与信息时代相适应的新教育。

信息时代的主要特征可概括为以下三个方面。第一，知识本位：人的知识或思想成为商品，思想市场成为经济发展的核心，社会也因而变成知识社会。第二，创新驱动：由于"互联网二代"等技术手段的普及，全民创新成为可能，无论个人生活、社会生活还是职业世界，均以创新为特点。第三，全球化：经济全球化和网络通信技术的广泛使用，世界变成"平的"，每一个公民都变成全球公民、数字公民，人类社会成为共同参与和复杂交往的全球共同体。这意味着信息时代的教育必然是以思想、创新和交往为根本特征的教育。信息时代的课程也必然具有上述特征。

2014 年 12 月 8 日，教育部在北京召开"普通高中课程标准修订工作启动会暨第一次工作会"。这次会议名义上是启动 2004 年开始实施的普通高中新课程的修订工作，实际上是在回答中国社会日益深入走向信息时代或数字化时代后，基础教育课程体系如何转型升级。在教育部领导下，经过几百名课程专家、学科专家和学科教育专家的不懈努力，历经三年，终于完成普通高中课程方案和课程标准的修订工作。2017 年 12 月，教育部正式颁布《普通高中课程方案（2017 年版）》和 20 个学科的课程标准。

2017 年课程改革的根本任务是构建信息时代基础教育课程体系，它是 2001 年课程改革的深化与发展，其标志性成果是普通高中各学科课程标准的正式颁布与实施。如果说 2001 年课程改革因确立"为了每一个学生的发展"的理念而实现了教育价值观的根本转型，那么 2017 年课程改革则在这

一基础上进一步实现了教育知识观的根本变革。

在急剧变革的信息时代，简单的、重复性的、缺乏创新的常规手工劳动和常规认知工作正在被计算机或人工智能所代替，人必须发展学科智能、专家思维和复杂交往能力等高级能力，方能在这个时代生存。学生高级能力的发展依赖于教育知识观的转变。倘若教育秉持"事实本位的知识观"，认为知识的本质是固定不变、零散分布、等待掌握的学科事实，那学生只能发展"双基"——基础知识、基本技能。只有当教育秉持"理解本位的知识观"，认为知识的本质是理解，一切学科均是学生不断探究、应用、再发明以产生自己的理解或思想的资源，这时学生才可能发展高级能力。2017年课程改革的最大特点是实现教育知识观的转变：让学校学科教学由"事实本位"转向"理解本位"，中国课程改革由此进入知识论转向的新时代。

正在实施的2017年版普通高中课程标准具有如下四个鲜明特色。

第一，创造了"学科核心素养"体系，确立了新的课程目标。核心素养（key competences）是世界许多国家、地区和国际组织为应对21世纪信息时代对职业、经济形态、社会生活和教育的挑战而提出的概念，亦称"21世纪素养"（21st century competences）。所谓核心素养，是人适应信息时代和知识社会的需要，解决复杂问题和适应不可预测情境的高级能力与人性能力。核心素养是对农业和工业时代基础知识、基本技能的发展与超越，其核心是创造性思维能力和复杂交往能力。（张华，2016）为真正将核心素养理念贯串各门学科之中，由此形成信息时代学科教育和课程体系的新形态，2017年课程改革富有原创性地提出了"学科核心素养"这一概念，并将之界定如下：

> 学科核心素养是学科育人价值的集中体现，是学生通过学科学习而逐步形成的正确价值观念、必备品格和关键能力。（中华人民共和国教育部，2018）

在此基础上，每一个学科都提出了自己的核心素养，并将之作为课程目标（参看表1-1）。学科核心素养本质上是解决复杂问题、真实问题的可迁移的学科高级能力与人性能力，其核心是学科思维或学科理解。当课程目标指向学科核心素养的时候,意味着教育价值观、知识观与方法论的整体变革。学科核心素养这一概念的提出标志着中国教育知识观的根本转变:让各门学科课程由结果走向过程,让学生从掌握学科事实转向发展学科理解。(张华,2019)

表 1-1 普通高中学科核心素养[①]

学科名称	学科核心素养
语文	1. 语言建构与运用; 2. 思维发展与提升; 3. 审美鉴赏与创造; 4. 文化传承与理解
数学	1. 数学抽象; 2. 逻辑推理; 3. 数学建模; 4. 直观想象; 5. 数学运算; 6. 数据分析
物理	1. 物理观念; 2. 科学思维; 3. 科学探究; 4. 科学态度与责任
化学	1. 宏观辨识与微观探析; 2. 变化观念与平衡思想; 3. 证据推理与模型认知; 4. 科学探究与创新意识; 5. 科学态度与社会责任
生物学	1. 生命观念; 2. 科学思维; 3. 科学探究; 4. 社会责任
思想政治	1. 政治认同; 2. 科学精神; 3. 法治意识; 4. 公共参与
历史	1. 唯物史观; 2. 时空观念; 3. 史料实证; 4. 历史解释; 5. 家国情怀
地理	1. 人地协调观; 2. 综合思维; 3. 区域认知; 4. 地理实践力
信息技术	1. 信息意识; 2. 计算思维; 3. 数字化学习与创新; 4. 信息社会责任
通用技术	1. 技术意识; 2. 工程思维; 3. 创新设计; 4. 图样表达; 5. 物化能力
体育与健康	1. 运动能力; 2. 健康行为; 3. 体育品德
音乐	1. 审美感知; 2. 艺术表现; 3. 文化理解
美术	1. 图像识读; 2. 美术表现; 3. 审美判断; 4. 创意实践; 5. 文化理解
艺术	1. 艺术感知; 2. 创意表达; 3. 审美情趣; 4. 文化理解
英语	1. 语言能力; 2. 文化意识; 3. 思维品质; 4. 学习能力
日语	1. 语言能力; 2. 文化意识; 3. 思维品质; 4. 学习能力
俄语	1. 语言能力; 2. 文化意识; 3. 思维品质; 4. 学习能力
德语	1. 语言能力; 2. 文化意识; 3. 思维品质; 4. 学习能力
法语	1. 语言能力; 2. 思维品质; 3. 文化意识; 4. 学习能力
西班牙语	1. 语言能力; 2. 文化意识; 3. 思维品质; 4. 学习能力

① 整理自中华人民共和国教育部制定的 2017 年版普通高中各学科课程标准。

第二，凝练了学科大观念，实现了课程内容的重建。所谓学科观念（disciplinary ideas），即特定学科事实或主题所体现的可迁移的学科理解或思想，是以学科专家为主体所创造的理解和探究世界的心智结构或图式。学科大观念（disciplinary big ideas）即特定学科中最基础、最根本的观念。学科事实是固定的、不可迁移的。学科观念是流动的、可迁移的。对学科观念的理解永远是程度性的，因而为学生创造性的发展提供了最大可能性。2017年版普通高中课程标准不再罗列烦琐的学科事实或知识点，而是遵循"少而精"的原则选择、凝练各门学科的大观念，以供学生探究与应用。例如，化学学科在"常见的无机物及其应用"这一主题中，选择了"元素""物质""物质转化"等大观念展开实验探究与应用。又如，生物学从模块名称到具体内容均由大观念进行架构，模块一的名称为"分子与细胞"，其内容包含两个大观念："细胞是生物体结构与生命活动的基本单位"；"细胞的生存需要能量和营养物质，并通过分裂实现增殖"。总之，从覆盖性的、面面俱到的知识点走向探究性的、少而精的大观念，是这次课程改革的一大亮点。

第三，强调学科实践，实现课堂教学与学习方式的重建。将学科大观念植入真实问题情境，让学生运用学科观念，亲历学科实践，生成学科素养。所谓学科实践（disciplinary practices），即学科知识的发明、创造与应用的实践。它是一个学科领域的专家从事学科探究的典型实践。学科实践方式既是课程内容的有机构成，也是教师教学和学生学习的基本方式。让学生亲身经历学科知识的诞生和应用过程，像学科专家那样去思考，走出只掌握间接经验的误区，是发展核心素养的关键。

第四，研制学业质量标准，让课程评价走向专业化。将学业质量标准变成课程标准的有机组成部分，是这次课程改革的重要突破。所谓学业质量，是学生在完成特定学科课程学习后的学业成就表现；学业质量标准是以学科核心素养及其表现水平为主要维度，结合课程内容，对学生学业成就表现的总体描述。在各科课程标准的研制过程中，首先基于由低到高、由浅入深的学习进阶原则将每一个学科核心素养的不同发展水平进行划分，然后将所有学科核心素养的同一发展水平加以整合，由此形成学生学习一门学科由低到高的不同发展水平。绝大多数学科划分为 5 级发展水平（少数划分为 3 级水平），其中 1～2 级对应必修课程，3～4 级对应选择性必修课程（即高考的选考科目），5 级对应选修课程。这种设计既增强了课程标准的可操作性，又为课程评价走向专业化做出了重要探索。

　　从 1922 年新学制与新课程改革，到 2017 年课程改革，中国现代课程发展已走过近百年。在这个漫长过程中，教育启蒙与教育民主恰如一盏明灯、一座灯塔，照耀、引领着无数课程人坚定前行。在此过程中，由于特定历史阶段社会面临危机，曾一度发生"救亡压倒启蒙"、"运动压倒启蒙"、社会政治需要掩盖个人发展需要等现象，课程发展也一度陷入停滞甚至倒退状态。伴随信息时代的到来，信息文明为教育启蒙与教育民主提供了前所未有的挑战和机遇。只要我们面向未来，立足每一个学生、每一位教师的发展需求，将生生不息的中国智慧传统与启蒙理想、马克思主义和世界一切先进思想有机结合，"东方教育民主"的理想终将实现。

第二章
国际视野：
21 世纪的理想课程

我国当前义务教育课程修订既是 2017 年普通高中课程修订的延续与发展，又是 2001 年课程改革的继承与超越。这次修订的根本任务是构建我国信息时代义务教育课程与教学新体系，为义务教育高质量发展奠定基础。它立足时代精神的前哨和世界教育改革的前沿，吹响了新时代课程改革的号角。其突显的是"素养为纲、综合育人、实践育人"的理念，为新时代我国义务教育课程与教学发展绘制了理想、蓝图。理解义务教育课程修订的时代精神和国际视野，是当前及今后进一步深化基础教育课程改革的关键。

一、未来教育观与课程理念

《义务教育课程方案（2022年版）》和各门课程标准一以贯之的课程理念是未来教育观。所谓未来教育观，即让教育面向未来急剧变化和高度不确定的情境，培养学生适应变化并拥抱不确定性的态度、善于解决真实情境中复杂问题的高级能力、勇于承担个人选择后果并履行对他人和社会义务的责任感。因此，这里的"未来"不是等待发掘的地下矿藏或等在那里让人到达的旅行目的地，而是人立足现在、反思过去、想象未来并将理想变成现实的真实行动。有理想、有创造、有行动的现在，才是"未来"的真正内涵。现在是未来和过去的"会客厅"。（Whitehead, 1929）[3] 未来教育的本质是培养学生运用过去的知识满足现在的需要，创造面向未来的自己的观念与思想。只要让教育由传递知识转变为创造知识，让学生创造着长大而不是长大了再创造，这样的教育就是未来教育。未来教育引领并创造人类的未来。反之，如果教育沦为讲授主义，仅满足于传递和掌握现成知识，只是一味"向后看"，忽视人的心灵如何发明和再发明知识的事实，这样的教育就是"过去教育"。在今天以创新为主要特征的信息时代，"过去教育"几近于教育的渎职。（Gardner, 2000）[60] 《义务教育课程方案（2022年版）》提出"聚焦核心素养，面向未来"的基本原则，确立了新的培养目标："引导学生明确人生发展方向"，"使学生有理想、有本领、有担当，培养德智体美劳全面发展的社会主义建设者和接班人"。这个培养目标所体现的正是未来教育观，旨在让每一个学生发展成为信息时代负责任的创造者。

放眼世界历史，未来教育观迄今为止主要有两个发展阶段。第一个阶段是19世纪末、20世纪初开始的以工业化运动和民主化运动为核心内容的"进步主义"（Progressivism）。"进步教育"就是向前看、指向未来的教育。第二个阶段是20世纪末、21世纪初世界范围内兴起的"未来教育运动"。其时代背景是以计算机技术和人工智能的广泛、深入使用为标志的"第四次工业革命"。2004年"互联网二代"诞生，人们第一次可以借助互联网工具形成"网上共同体",由此实现协作、创造与共享的目的。(Dede,2008)2016 年"互联网三代"诞生,以"区块链"技术的使用为标志,人类开始进入以去中心化、分布式、网络化、联系化、虚拟与现实交融的"数字交往时代"。知识创造空前加速,"未来已来"成为极具时代特征的广告语。在此科技、工业革命和社会急剧变革的背景下,世界主要发达国家、重要国际组织和广大民间组织几乎同时发起了以创造"未来课程"为目标的课程改革运动。(Williamson,2013)

践行未来教育观的课程理念是:第一,让课程走向个性化,尊重每一个学生的人格尊严与个性差异;第二,让课程走向社会化,使学生过共同体的组织和生活,在交往与协作中学习;第三,让课程走向创造化,学生通过创造和再创造知识而学习知识;第四,让课程走向信息化,构建体现信息时代特点和信息文明要求的课程体系。个性化、社会化、创造化和信息化的课程理念渗透于《义务教育课程方案(2022 年版)》和各门课程标准中。

二、核心素养观与课程目标

义务教育课程修订的突出亮点和重要标志是确立了核心素养观。所谓核心素养观,即让课程目标始终聚焦于培养学生在真实情境中解决复杂问题的高级能力和人性能力,也就是培养学生可普遍迁移的正确价值观、必备品格和关键能力。核心素养观蕴含着新的课程目标观。第一,课程目标具有整体性:将知识与技能、过程与方法、情感态度与价值观即原先的"三维目标"融合起来,形成有机整体,广泛迁移到不可预测的新情境中,才是核心素养。第二,课程目标具有高级性:核心素养是以批判性思维、创造性思维和协作性思维为核心的高级能力,以传统"双基"为代表的知识技能是发展核心素养的手段、伴随物和副产品。第三,课程目标具有进阶性:核心素养的发展既不是从部分到整体的机械组合式发展,也不是由此及彼的线性僵化发展,而是程度上逐步加深、范围上逐步扩大的整体性与进阶性发展,是复杂的螺旋式上升的发展,恰如小树苗成长为参天大树,树干和枝条由稚嫩到强壮。《义务教育课程方案（2022年版）》指出："聚焦中国学生发展核心素养，培养学生适应未来发展的正确价值观、必备品格和关键能力。"在此引领下，义务教育阶段各学习领域延续普通高中学科核心素养的成果，充分研究6～15岁儿童年龄心理发展特征和学生个性差异，整体确立了各学习领域的课程核心素养。这是我国基础教育课程改革的又一创举。

1997年末，经济合作与发展组织（OECD[①]）启动核心素养框架项目"迪斯科"（DeSeCo）计划，即"素养界定与选择：理论与概念基础"（Definition and Selection of Competences：Theoretical and Conceptual Foundations）计划，拉开了世界范围内开展"核心素养运动"的大幕。嗣后，欧盟、国际教育技术协会等国际机构和组织，以及美国、英国、日本、澳大利亚等国家纷纷推出体现地区和国家特点的核心素养框架，以积极应对信息时代科技、职业、经济和社会发展对教育的挑战。因此，"核心素养运动"是"未来教育运动"的具体化和有机构成。该运动首先形成了众所周知的信息时代的21世纪四大素养，即协作（collaboration）、交往（communication）、创造力（creativity）、批判性思维（critical thinking）。在这些跨学科核心素养的引领下，各学科领域又研制了体现领域特点的核心素养，有代表性的包括美国《下一代科学标准》（Next Generation Science Standards）以及《共同核心州标准》（Common Core State Standards）。世界"核心素养运动"使课程目标发生了根本变化：内容上由掌握陈述性知识和程序性知识即学科知识与技能转变为发展能够解决复杂问题且可普遍迁移的"概念性理解"与核心素养，形式上由"学科内容+行为动词"的目标叙写方式转变为"认识事实""理解观念"和"像专家一样做事"的三位一体。（Erickson et al.，2014）[16-20]这样，在核心素养时代，课程目标的确定就彻底超越了由泰勒（Ralph W. Tyler）所确立的"目标模式"（objective model），走向事实、观念与行动三位一体的"理解模式"（understanding model）。从世界范围看，指向核心素养的课程目标由三部分构成。第一，"认识"（know）：认识所选择的重要单元主题的重要学科事实；第二，"理解"（understand）：理解单

---

① Organization for Economic Co-operation and Development，简称OECD。

元主题的核心概念或大观念；第三，"做事"（do）：运用核心概念或大观念以及学科事实在真实情境中"做事"或"行动"，学生通过"做事"亲身获得"理解"。这就是今日培养核心素养的课程与教学所遵循的"认识—理解—做事"（KUDs）课程目标框架。

践行核心素养观，意味着我国基础教育课程体系开始走向"新三维目标"：大观念、新能力、新知识。"大观念"是一门课程中少而重要、强而有力、可普遍迁移的"概念性理解"。它一般由两部分构成：一是形成一门课程逻辑体系的核心概念；二是由核心概念之间的关系所形成的命题、原理或理论。每一门课程的正确价值观念是最大的观念。除此之外，不同单元主题和学习活动中蕴含着与主题和活动相适切的大观念。"新能力"是将一门课程的大观念及相应知识技能用于真实情境、完成真实任务、从事真实实践的做事的能力与品格。各门课程标准规定的"关键能力和必备品格"属于最上位、最抽象的新能力。广大教师在教学过程中，需要根据单元主题的内容特点将这些"关键能力和必备品格"具体化，使之成为发明或应用与单元主题相应的大观念的真实表现，设计具体的表现性任务及相应评价量规（rubrics）。"新知识"是与大观念建立内在联系并得到应用的关键学科事实或知识技能。学科事实既为大观念是否合理提供客观依据，又能展现大观念的创造力量。"新三维目标"既是对传统"双基"目标的彻底超越，又避免了原先"三维目标"的割裂化和形式化缺陷，在课程目标与内容中增加了对培养核心素养具有根本意义的概念性理解，它必将把我国基础教育课程改革带入新的境界。

三、理解性教学观与课程内容

义务教育课程修订的关键内容是基于理解性教学观重构课程内容，走向深度学习。所谓理解性教学观，即认为知识的本质是理解或问题解决，教学即选择"少而重要"的学科大观念，创设真实情境，让学生以小组合作的方式运用学科大观念解决真实问题，经历真实实践，产生个人理解。

《义务教育课程方案（2022年版）》指出："加强课程内容的内在联系，突出课程内容结构化，探索主题、项目、任务等内容组织方式"；"突出学科思想方法和探究方式的学习，加强知行合一、学思结合，倡导'做中学''用中学''创中学'。这鲜明地体现了理解性教学观。各门课程标准根据课程特点或学科性质，有所侧重地选择大观念、大项目或任务群组织课程内容，目的在于让课程内容走出罗列知识点或学科事实的误区，走向"少而精"、可普遍迁移的概念性理解。与此同时，各门课程均倡导大单元教学，以为学生的深度学习创造条件，因为形成概念性理解需要时间，真正值得学习的内容就值得深度学习。

在世界教育改革史上，理解性教学观大致经历了三个阶段。第一个阶段是进步教育运动时期。杜威和怀特海（Alfred N. Whitehead）等哲学家均是理解性教学的有力倡导者和理论奠基者。杜威说，理解是"理智行动的源泉"，"理解必须依据事物如何运作和如何做事而界定。理解，就其本质而言，与行动相联系"。（Dewey，1937/1987）[183-184] 教学必须建基于理解之上。怀特海说："我对'理解'的界定，基于一句法国谚语，'理解一切，就是忘掉一切'。书呆子会嘲笑教育即有用这一观点。但如果教育无用，那它是什么？难道它是藏着不用的才能吗？……教育是有用的，因为理解即有用。"（Whitehead，1929）[2] 怀特海一如杜威，开启了"理解即有用""教育即有用""用中学"的先河。

第二个阶段是20世纪50年代末肇始于美国、影响波及全球的"学科结构运动"。这次运动的理论奠基者布鲁纳（Jerome S. Bruner）主张，如果以"理解"为目的的话，儿童应当像学科专家一样去学习，因为儿童的智力活动与学科专家之间只是程度的差异。（Bruner，1977）[14] 理解就是"超越给定信息"，将知识运用于新情境。（Bruner，1973）学生学习各门学科的重要目的是"创造他自己的内部文化"，"成为自己的艺术家、科学家、历史学家和航海探险家"。（Bruner，1961）

第三个阶段是20世纪90年代以后世界范围内兴起的"理解性教学运动"。这一阶段的理解性教学以发展学生的概念性理解与核心素养为目的。其历史背景是信息时代和知识社会对教育提出了发展核心素养的紧迫要求。

其科学背景是认知心理学、教育心理学以及新兴的学习科学提供了大量令人信服的证据，证实人解决复杂问题不是依靠熟练掌握学科事实和解题技能（程序性知识），而是可普遍迁移、灵活应用和表现的概念性理解。（Sawyer，2014）[2-3] 自此以后，大观念教学成为世界范围内指向核心素养的课程改革的主导趋势。实践界也诞生了诸多大观念教学模式，影响较大的是美国教育改革家埃里克森（Lynn Erickson）提出的"概念本位的课程与教学"（concept-based curriculum and instruction）（Erickson，2008）以及威金斯（Grant Wiggins）和麦克泰（Jay McTighe）提出的"设计性理解"教学（understanding by design）。（Wiggins et al.，2005）理解性教学观的百年发展历程，为我国当前基础教育课程改革提供了国际经验与思想基础。

践行理解性教学观，对广大教师提出了新要求。首先，教师要根据课程方案、课程标准和教科书的要求，结合当地经济、文化和社会生活发展特点，充分研究学生的发展需求，将课程内容进行整合和具体化，提出供学生深度学习的有意义的单元主题。其次，教师要围绕单元主题提取供学生理解和应用的核心概念，并在核心概念之间建立联系，形成学生学习该单元后可普遍迁移的大观念。再次，围绕单元主题内容和大观念提出贯串始终的引导问题。这些问题可分为：事实性问题（factual questions）——指向关键学科事实；概念性问题（conceptual questions）——指向大观念；辩论性问题（debate questions）——更加开放的哲学性问题（philosophical questions）。最后，围绕大观念和引导问题创设真实情境和真实任务，设计系列探究活动，让学生像学科专家一样思考与行动，亲身经历知识的诞生和应用过程。

四、跨学科学习观与课程统整

义务教育新课程倡导跨学科学习观。所谓跨学科学习观，即认为学科是从社会生活（主要包括日常生活和职业生活）中逐步分化出来的，学科与社会生活、自然世界存在内在联系；学科与儿童的心理经验存在内在联系，二者属于同一个实在（one reality）；不同学科之间的边界是可渗透的，可以根据学生的认知特点和发展需要进行不同程度的融合；跨学科学习既是发展学生的批判意识和自由人格的要求，又是培养学生核心素养的条件。《义务教育课程方案（2022年版）》提出了"加强课程综合，注重关联"的课程设计原则，指出"加强课程内容与学生经验、社会生活的联系，强化学科内知识整合，统筹设计综合课程和跨学科主题学习"；"原则上，各门课程用不少于10%的课时设计跨学科主题学习"；等等。强化综合育人，大力倡导跨学科学习，有效培养学生在真实情境中解决复杂问题的能力即核心素养，是义务教育新课程的显著特点。

"跨学科运动"诞生于20世纪70年代。第一本主要的跨学科代表作于1972年出版，是由埃普斯特尔（Léo Apostel）等人主编的《跨学科：大学教学与研究问题》。（Apostel et al.，1972）这本书由经济合作与发展组织（OECD）联合赞助并于1970年在巴黎召开的国际会议论文汇编而成。时任国际教育局局长的皮亚杰参加了此次大会并提交了论文《跨学科关系的知识论》（The Epistemology of Interdisciplinary Relationships），推动了跨学科运动的发展。进入21世纪以后，伴随"核心素养运动"的发展，跨学科学习成为从幼儿园到中小学和大学培养核心素养的主要学习取向之一。2010年，经过长达10年的国际性跨学科努力，《牛津跨学科手册》（*The Oxford Handbook of Interdisciplinarity* 正式出版，标志着国际跨学科运动发展到新阶段。（Frodeman，2010）跨学科学习的目的是实现知识的情境化，帮助学生产生跨学科理解，促进学生核心素养与自由人格的发展。跨学科学习绝不是以牺牲学生的学科思维、深度学习和深刻理解为代价，使课程走向肤浅、平庸和常识化。恰恰相反，跨学科学习是帮助学生走向深度学习、产生深刻理解、增强课程创造性的重要策略。根据学科之间相互融合的程度，可将跨学科学习大致划分为三类：多学科学习（multidisciplinary learning），即保留学科边界和名称，在一些重要主题上建立学科之间的联系；狭义的跨学科学习（interdisciplinary learning），即将两种或两种以上的学科融合起来，形成一门新学科，如 STEM[①]；超学科学习（transdisciplinary learning），即围绕重要生活主题，让各门学科的知识和观念等要素融入主题之中，学科的名称与边界水乳交融于主题之中。从国际课程改革的普遍经验和做法来看，小学特别是低年龄段倡导超学科学习，初中与高中则主张以跨学科学习和多学科学习为主。例如，国际文凭组织（the International Baccalaureate Organization，简称 IBO）的课程体系就采用了这种策略。

践行跨学科学习观，意味着义务教育课程实施首先要充分尊重学生年龄心理发展特征，选择恰当的课程统整策略。例如，义务教育课程标准采用了分段设计目标、内容与评价的策略："六三制"按照"2223"分段，"五四制"按照"2322"分段，目的就是便于广大学校根据学校实际和学生需要，加强不同学段的课程统整，避免分门别类、齐头并进开设课程的简单、低效做法。《义务教育课程方案（2022年版）》也特别指出："鼓励将小学一至二年级道德与法治、劳动、综合实践活动，以及班队活动、地方课程和校本课程等相关内容整合实施。"其用意在于倡导超学科学习，让课程适应儿童。其次，所有学科或学习领域均应体现"综合育人"原则，让课程内容与当地社会生活和学生的心理经验建立内在联系，不断提高课程内容的适切性，让学生切身感受到课程学习的意义。再次，各门学科 10% 课时的跨学科主题学习要围绕跨学科概念科学设计与实施，真正走向深度学习，产生可迁移的跨学科理解，让学生体验"创中学"的乐趣。

五、表现性评价观与课程评价

义务教育新课程倡导表现性评价观。所谓表现性评价观，即认为虽然人的核心素养与外部行为表现存在本质区别，但二者也存在内在联系：核心素养是行为表现的依据与引领，行为表现是核心素养的"出口"与发展途径；核心素养只能通过植根于情境的表现性任务而评价，标准化测验则

[①] STEM，是英文单词 Science（科学）、Technology（技术）、Engineering（工程）和 Mathematics（数学）首字母的组合。

鞭长莫及；学生完成表现性任务的过程既是评价过程，又是教学与学习过程，学生通过在日常学习过程中持续表现核心素养而发展核心素养。《义务教育课程方案（2022年版）》明确指出："注重动手操作、作品展示、口头报告等多种方式的综合运用，关注典型行为表现，推进表现性评价。"义务教育各领域课程标准根据核心素养的外部表现，分学段研制了学业质量标准。学业质量标准即表现标准（performance standards），表征学生完成一个年级或一个学段之后核心素养发展的表现水平，标志着表现性评价在我国课程体系中的正式确立。

为纠正标准化测验对发展学生高阶思维能力的弊端，20世纪90年代，美国兴起了"表现性评价运动"。该运动的引领者和理论奠基者之一威金斯写道："我们运用知识去表现的能力，唯有当我们创造我们自己的某种作品时才能被评价，该作品运用全部知识和技能，并对身边的特定任务和情境做出回应。"（Wiggins, 1993)[209] 表现性评价是通过完成特定情境中的真实任务对人的表现能力的评价。"如果我们要评价生成中的表现，对测评深度理解所必要的任务类型，必须总是'高级性的'（high-order）。"（Wiggins, 1993)[215] 用于表现性评价的表现性任务必须是学生使用高阶思维才能完成的，否则无法评价人的高阶思维能力。哈佛大学教育研究院于20世纪90年代末启动的理解性教学（teaching for understanding）项目，其中心思想是通过研究并确定理解力的表现而促进理解力发展。该项目的主要领导者加德纳认为，最重要、最基础的工作是确定并发布理解力表现（performances of understanding）："径直地说，学生必须知道他们必须做什么；他们必须熟悉他们被要求表现其理解的方式；他们必须领会他们的表现将被判断的标准。"（Gardner, 2000)[131] 同样在20世纪90年代，伴随计算机科学和人工智能的发展，"构成主义"（Constructionism）思潮兴起。该思潮的引领者派珀特（Seymour Papert）认为，只有将头脑中的观念表现外化为"公共实体"（a public entity）时，才能促进观念发展。（Papert, 1991)[1-14] 这不仅促进了表现性评价的发展，而且使表现性任务的设计和实施与项目学习融为一体。总之，表现性评价观是核心素养时代越来越成为主导趋势的评价理念与方法。

践履表现性评价观，意味着教师首先要研究课程标准中每个学段课程核心素养的表现及相应学业质量标准，形成表现性评价的整体视野和宏观图景；其次，教师要根据单元主题的大观念及核心素养目标，联系课程标准中相应的学业质量标准，开发植根真实情境的表现性任务，并根据对大观念的理解水平和核心素养发展状况研制表现性任务的评价量规，以评价学生完成一个单元之后对大观念的理解和核心素养的发展状况；再次，将表现性任务及评价量规转化为学生的平时课堂学习活动，体现表现性任务的累积性以及核心素养的进阶性和发展性。

直面信息时代的挑战与机遇，确立未来教育观；培养学生在真实情境中解决复杂问题的高级能力与人性能力，确立核心素养观；选择"少而重要"的核心概念和大观念作为课程内容，让学生置身真实生活情境和模拟专家创造知识的"准专业情境"，运用学科观念解决真实问题，经历知识的诞生与使用过程，走向理解性教学观；让学生打破学科边界去学习，通过解决复杂问题而发展跨学科理解，走向跨学科学习观；让学生通过完成真实情境中的表现性任务来评价核心素养发展状况，让学生在表现自己理解的过程中发展理解力，践行表现性评价观。这就是21世纪的理想课程，是我国义务教育的课程愿景。

第三章
核心素养理念：
指向信息时代课程体系的构建

2017年普通高中课程修订、2022年义务教育课程修订，标志着我国基础教育课程改革进入新的发展阶段：创造信息时代的课程体系。为充分体现信息时代个人发展和社会发展的新特点、新需求，教育部一方面立足我国教育要"立德树人"的根本要求，另一方面充分借鉴国际课程改革的先进经验，确立"核心素养"这一观念，将之作为课程改革的出发点和归宿。因此，信息时代的课程体系，亦可称为素养本位的课程体系。

核心素养既是课程目标，又是一种新的课程观。理解核心素养的内涵，是构建我国信息时代课程体系的出发点。

一、核心素养概念诞生的时代背景

要准确理解"素养"或"核心素养"的内涵，必须把握此概念诞生的时代背景，否则难登堂奥。当今世界所有著名的核心素养研究框架，无论源自国际组织还是特定国家，均指向21世纪信息时代公民生活、职业世界和个人自我实现的新特点和新需求。因此，"核心素养"的别称即"21世纪素养"（21st century competences）或"21世纪技能"（21st century skills）。[①]例如，研究核心素养最著名的国际组织为经济合作与发展组织（OECD）和欧盟委员会（European Commission），前者核心素养框架的总名称为"为了新千年学习者的21世纪技能和素养"（21st century skills and competences for new millennium learners），后者的核心素养框架则建立在前者研究的基础上，名称为"为了终身学习的核心素养"（key competences for lifelong learning），二者均旨在应对21世纪信息时代对教育的挑战。世界上研究核心素养执牛耳的组织为美国教育部与一批有影响力的私有企业和民间研究机构联合发起的"21世纪技能伙伴协会"（Partnership for 21st Century Skills，P21），以及由知名企业赞助成立的"21世纪技能教学和评估委员会"（Assessment and Teaching of 21st Century Skills），二者均指向21世纪信息时代的新特点和新需求。

人类进入21世纪以后，信息通信技术出人意料地迅猛发展并被广泛运用，使人类社会快速迈入信息时代，这与20世纪的工业时代形成鲜明对比。如果说"20世纪素养"对应的是工业时代，那么"21世纪素养"对应的则是信息时代。21世纪信息时代的新特点究竟是什么？

首先，由于信息通信技术的广泛运用使社会经济运作模式和人类职业世界发生了深刻变化。运用新知识、新思想和新技术实现快速产品创新与

[①] 在英文中，skill 的含义是能力，与 competence（素养）几乎同义。技能"意味着应用知识和使用专门技术（know-how）以完成任务和解决问题的能力（ability）"。参阅：GORDON J et al. Key competences in Europe: Opening doors for lifelong learners across the school curriculum and teacher education [M]. Warsaw: CASE-Center for Social and Economic Research, 2009: 39.

全球贸易，在人类历史上第一次成为经济发展的核心。与此同时，伴随计算机和电子通信技术的发展，人类的许多工作正在被机器所代替。人类的经济模式正快速转变为全球经济和知识经济。人类社会正快速进入知识社会（knowledge society）。所谓知识社会，即是人的知识、思想和技术成为商品的社会。曾参与过 OECD 核心素养框架研究的美国著名经济学家列维（Frank Levy）和莫奈（Richard Murnane）这样写道："主要由常规认知工作和常规手工劳动所构成的工作，此类劳动力的份额正日益下降，因为此类任务最容易通过编程让计算机去做。国家日益增长的劳动力比例则是那些强调专家思维或复杂交往的工作，此类任务计算机不能做。"（Levy et al.，2004）这里的"专家思维"和"复杂交往"可能是对"21 世纪素养"最浓缩的概括。所谓专家思维，亦可称为"专家决策制定"（expert decision making），是指在特定情境中，当所有标准化的解决问题的方法均告失败时发明新方法以解决困难问题的能力。（Dede，2010）[3] 这是一种认知性能力或素养。所谓复杂交往，是指在复杂的、不可预测的社会情境中，通过提供各种解释和示例以帮助他人掌握复杂概念、促进复杂对话延续与发展的能力。（Dede，2010）[1] 这显然是一种非认知性能力或素养。

当重复性的常规工作被计算机所取代的时候，人类就必须从事计算机不能代劳和胜任的复杂工作，也因此必须发展计算机所不具备的复杂能力，即以专家思维和复杂交往能力为核心的"21 世纪素养"。这类复杂工作以创造、发明、交往为核心，职业世界的从业者也就由工业时代的"常规生产工作者"转变为信息时代的"心灵工作者"（mind workers）。在知识经济时代，无论是产品还是其生产过程，均日益关注科技创新水平、审美品质和服务意识，即关注附加值（adding value）。"在这种新的经济环境中，产品及其生产过程的附加值是日益增长的职业和收入的关键。"（Dede，2010）[2] 此外，由于科学技术的快速发展及由此导致的产品的快速创新，人类职业的变化日益加剧：旧职业快速被淘汰，新职业不断涌现。"伴随全球经济的继续演进，从业者在其工作生涯中预计将更换七次或八次工作。"（Dede，2010）[2] 因此，未来教育不仅要为创新驱动的职业做好准备，还要为尚未诞生的职业做好准备，具有广泛迁移性的核心素养因而成为教育的首要目标。

其次,信息通信技术和全球化使人的社会生活发生深刻变革。在信息时代,每一个人都是"数字公民"(digital citizenship),怎样合法地、道德地、负责任地使用信息通信技术?如今,世界各地的人在一起工作、生活,互相交往在一起,社会和文化变得空前复杂与多元,怎样处理文化差异和多元化社会?怎样处理与他人的关系,并与他人合作?在日益多元化的社会中,价值观、宗教信仰、情感、观点、利益、人际关系等的冲突是不可避免的,怎样管理和化解人际冲突?在日益网络化的社会,怎样运用包括信息技术在内的各种手段发展"社会资本"(social capital)、"社会技能"(social skills)和"跨文化素养"(intercultural competencies)?(OECD,2005)信息时代为社会民主和公平提供了新的机遇与挑战,怎样消除社会不公、促进社会民主?怎样在信息时代做民主社会的公民?诸如此类的问题均对世界教育提出了挑战。

再次,信息时代为个人自由或自我实现提供了前所未有的机遇与挑战。无穷尽的信息洪流、急剧加速的社会流动、快速发展的科学技术、大量涌现的新职业、变幻莫测的虚拟世界,诸如此类的新事物为个人选择和个性自由的实现提供了新的机遇与条件。与此同时,每一个人又被淹没在信息洪流中,饱受信息过载、信息焦虑和信息疲劳的折磨;虚拟世界又有可能使个人身份迷失、自我概念模糊。社会和职业的快速变化对个体的适应能力提出了空前挑战。个人如何在日益多元而快速变迁的信息时代、全球化时代和知识社会中自主行动,成为关系个人和社会发展的新课题。这意味着个体必须"拥有强大的自我概念(self-concept)和将个人的需要与需求转化为意志行为的能力。这些意志行为包括决策、选择与行动"。(OECD,2005)

正是信息时代经济新模式和职业新形态、社会生活的新特点和个人自我实现的新需求,对传统的工业时代的教育提出了挑战,核心素养概念应运而生。

二、核心素养内涵的比较研究

为把握"素养"与"核心素养"的时代内涵,首先让我们来分析几个世界知名的核心素养框架中对其的相关界定,然后再得出我们自己的理解。

(一) OECD 核心素养框架

OECD 在瑞士联邦统计局(Swiss Federal Statistical Office, SFSO)的领导下,在美国教育部教育统计中心(National Center for Education Statistics, NCES)的大力协助下,于 1997 年末启动了核心素养框架项目,即"素养界定与选择:理论与概念基础"计划,简称"迪斯科"计划。该项目的直接目的是为 OECD 国家于同年启动的"国际学生评估计划"(Programme for International Student Assessment, PISA, 简称"匹萨"计划)提供理论基础和评价框架,同时服务于另一个针对成人素养的国际评价计划"成人素养与生活技能调查"(Adult Literacy and Life Skills Survey, ALL)。"迪斯科"计划于 2003 年发表最终报告《为了成功人生和健全社会的核心素养》,(Rychen et al., 2003)标志着 OECD 核心素养框架项目的完成。该项目历时 6 年,汇集社会学家、评价专家、哲学家、人类学家、心理学家、经济学家、历史学家、统计学家、教育学家、政策制定者、政策分析者、工会、雇主、国际机构等众多专家和利益相关者,至少调动 12 个国家的专业力量,经历多年理论与实践的检验。因此,我们有理由说,"迪斯科"计划代表国际核心素养研究的最高水平。

为适应技术的快速而持续变化、社会日益多元、全球化所创造的人与人相互依赖的新形势,OECD 确立"素养"观念。但 OECD 意识到"在社会科学中,并没有关于素养概念的单一的使用,也没有广泛接受的界定和划一的理论"。(Rychen et al., 2000)既然如此,OECD 在为素养下定义时采用的是一种"实用性概念取向",力图使所下定义"尽可能明确、言之成理、科学上可接受"。（Rychen et al.，2000）因此，OECD将"素养"一词简洁界定如下：

> 素养（competency）不只是知识与技能。它是在特定情境中，通过利用和调动心理社会资源（包括技能和态度），以满足复杂需要的能力。例如，有效交往的能力是一种素养，它可能利用一个人的语言知识、实用性信息技术技能以及对其交往的对象的态度。（OECD，2005）

首先，素养的共同价值基础是民主价值观与可持续发展。"所有OECD社会均对民主价值观的重要性和实现可持续发展达成共识。"（OECD，2005）这是OECD核心素养框架的价值基础，亦是"复杂需要"的价值内涵。

其次，素养是一种以创造与责任为核心的高级心智能力。"大多数OECD国家均重视灵活性、创业和个人责任心。不仅期待个体具有适应性，而且期待个体具有创新性、创造性、自我导向并自我激励。"（OECD，2005）素养当然包括知识和技能因素，但绝不是其简单叠加。恰恰相反，唯有使知识与技能回到个人生活、社会生活和职业世界的具体情境中去探究与实践，方有素养的形成与发展。因此，素养的核心是反思性思维与行动。"反思性正居于核心素养之中心"，"反思性思维需要相对复杂的心智过程，并要求思考过程的主体成为其客体"。（OECD，2005）反思即回到自身，将自身作为思考的对象，通过持续思考自身而不断调整自己的思考和行动。一如杜威所言，这个过程即探究或问题解决的过程。反思性亦体现了人的心智的自主性。"核心素养拥有心智的自主性，这包含了一种对生活的主动且反思的取向。核心素养不仅要求抽象思维和自我反思，而且要求人们将自身与其社会化过程保持距离，甚至与其价值观保持距离，由此使人成为自身立场的原创者。"（Rychen et al.，2000）无论反思性还是心智自主性，均体现出素养是一种复杂的高级心智能力。这种能力将创造性与责任心融为一体，是一种负责任的创造性，或道德的创造性。

再次，素养是后天习得的，而非与生俱来的心理特征。"素养本身是在有利的学习环境中习得的。"（OECD，2005）这里的"学习环境"不仅包括学校环境，还包括家庭、社会、职业、经济、政治、文化等各种校外环境。非但如此，素养的获得在时间上又是一个持续终身的学习过程。

最后，素养既是跨领域（transversal）的，又是多功能（multifunctional）的。所谓跨领域，是指素养在学校中表现为跨学科性，在学校外则指跨越不同社会领域，如政治领域、社会网络、人际关系等。所谓多功能，是指素养能够满足个人生活、社会生活和职业世界各不相同的重要需要，帮助个人达到各不相同的重要目标，解决不同情境中的各类问题。（Rychen et al.，2000）

适应不同情境需要的素养种类繁多、难以穷尽。OECD"迪斯科"计划所采取的策略是：本着实用的目的，选择并确立最根本、最关键的素养，是谓核心素养。每一个核心素养均需满足三个条件：（1）对社会和个体产生有价值的结果（valued outcomes）；（2）帮助个体在多样化情境中满足重要需要；（3）不但对学科专家重要，而且对所有人重要。（OECD，2005）这体现出核心素养的三个特性，即价值性、迁移性、民主性。因此，OECD确立了三类核心素养：（1）交互使用工具的能力，具体包括：交互使用语言、符号和文本的能力，交互使用知识和信息的能力，交互使用技术的能力。（2）在异质群体中有效互动的能力，具体包括：与他人建立良好关系的能力，合作能力，管理并化解冲突的能力。（3）自主行动能力，具体包括：适应宏大情境的行动能力，形成并执行人生规划和个人项目的能力，维护权利、兴趣、范围和需要的能力。三类核心素养的内在逻辑是人与工具、人与社会、人与自我之关系。三类核心素养既非彼此割裂，亦非机械组合。恰恰相反，它们有机联系、互动、整合，是适应不同情境的需要而不断变化的动态结构。（OECD，2005）

由此观之，OECD核心素养框架研究起步早、站位高，理论基础雄厚，逻辑体系完整。加之同时经历"匹萨"计划针对义务教育终结阶段学生三年一次大规模检验和"成人素养与生活技能调查"计划的检验，其科学性不断获得发展与确认。总之，"迪斯科"计划引领了世界核心素养运动。

（二）欧盟核心素养框架

第二个世界著名的核心素养框架源自欧盟。为应对全球化、知识经济和信息时代的挑战，欧洲理事会（The European Council）将提供"新基本技能"（the new basic skills）作为优先策略，同时强调终身学习，"让学习从学前阶段延展到退休以后"。（Gordon et al.，2009）^{Annex1} 2001年3月，欧洲理事会批准成立"教育与培训2010工作项目"，意为到2010年要建立起适应知识社会所需要的欧洲教育和培训新体系，其核心是形成欧洲核心素养框架。2006年12月18日，欧洲议会（European Parliament）和欧洲理事会联合批准了这一框架，即《"为了终身学习的核心素养：欧洲参考框架》（简称《参考框架》）。该框架由此成为欧盟及其成员国建立信息时代教育的纲领性文件。该框架既汲取OECD"迪斯科"计划的成果，又充分体现欧洲教育的特色和发展需要。其目的在于：开发欧洲知识社会所必需的核心素养，以作为未来教育目标；为欧盟成员国实现核心素养目标提供支持。

欧盟对"素养"界定如下："素养是适用于特定情境的知识、技能和态度的综合。"（Gordon et al.，2009）^{Annex1} 这里的"情境"（context）主要指个人情境、社会情境和职业情境。与此同时，欧盟对"核心素养"这样界定："核心素养是所有个体达成自我实现和发展、成为主动的公民、融入社会和成功就业所需要的那些素养。"（Gordon et al.，2009）^{Annex1} 这显然是从具体功能的角度界定核心素养。那么，究竟哪些是所有个体所需要的核心素养？欧盟列出了八大核心素养：（1）母语交际；（2）外语交际；（3）数学素养和基础科技素养；（4）数字素养；（5）学会学习；（6）社会与公民素养；（7）首创精神和创业意识；（8）文化意识和表达。对每一个核心素养，欧盟首先给出了清晰界定，然后从必要知识、技能和态度三方面做出了明确说明。这八大素养同等重要，因为每一个都会对知识社会的成功人生做出贡献。其中，许多素养相互重叠、彼此交织。由于这些素养名称均着眼于结果，且与具体学科和生活相联系，对人的具体心智过程和心智能力未予明示，故《参考框架》的制定者又特别做了如下说明："有几个主题应用于整个《参考框架》之中：批判性思维、创造性、首创精神、问题解决、风险评估、采取决策以及建设性管理情绪，在八大核心素养中均发挥作用。"（Gordon et al., 2009）[Annex1]这意味着以上所列心智过程和能力作为暗线贯串、渗透于八大核心素养之中。

比较 OECD 和欧盟的核心素养内涵及框架，我们可得出下列结论：第一，欧盟的核心素养是结果取向的，且具体指明其应用领域与情境；OECD 的核心素养则更加抽象、概括，且具有过程取向。第二，欧盟的核心素养框架由学科素养和跨学科素养两部分构成：母语交际、外语交际、数学素养和基础科技素养属学科素养，数字素养、学会学习、社会与公民素养、首创精神和创业意识、文化意识和表达属跨学科素养，渗透于学科学习和活动过程之中；而 OECD 的核心素养框架则只包含跨学科素养。第三，欧盟的核心素养与相应的知识、技能和态度的联系更加紧密、明确与具体；OECD 的核心素养尽管也强调在具体情境中综合应用知识、技能和态度，但二者的联系却相对松散、灵活和抽象。这体现出两个框架对素养或核心素养与知识、技能之关系的理解存在微妙差异。

（三）美国核心素养框架

第三个世界知名的核心素养框架为美国的"21 世纪学习框架"（Framework for 21st Century Learning）。早在 20 世纪 90 年代初，伴随个人电脑和互联网的应用，世界经济的许多方面均发生转型。尤其是中国改革开放以后，中国快速成为"世界工厂"，这加速了美国经济的转型：经济发展的"外购"（outsourcing）和"离岸外包"（offshoring）时代到来。为应对经济变化，美国劳工部部长于 1991 年成立了一个高端专家工作委员会，主要完成两项任务：确定 21 世纪所需要的工作技能；评估美国学校是否正在教授这些技能。该委员会于 2000 年发表《学校需要什么工作》的研究报告，指出："学校尽管诚实而有意识地努力适应新需要，但由于缺乏清晰且一贯的指导，依然延续着近百年前设计的教育体制和方法论，它所满足的企业组织的需要已迥异于今天。"（The Secretary's Commission on Achieving Necessary

Skills，1991）这对工业时代的教育体制、内容和方法提出了严峻挑战。2002年，美国教育部连同一批有影响力的私有企业和民间研究机构，成立"21世纪技能伙伴协会"，简称"P21"，开始系统研制适应信息时代和知识经济所需要的"21世纪技能"，波澜壮阔的"21世纪技能运动"拉开帷幕。

经过几年努力，"21世纪学习框架"及相应的课程体系和研究报告系统推出。如今，P21项目已进入第三个10年，美国越来越多的学校、学区和州采纳并实施该框架。它已成为引领美国乃至世界构建信息时代和知识社会课程体系的重要理论和实践基础。在P21项目中，"21世纪技能"相当于OECD和欧盟框架中的"核心素养"。P21项目这样界定"21世纪技能"[①]："21世纪素养（literacy）远超出基本的读、写、算技能。它意指如何将知识和技能应用于现代生活情境。"（Partnership for 21st Century Skills，2002）由此看来，"21世纪技能"有两个基本内涵：第一，它是一种高级技能或素养（literacy），其对应范畴是"基本技能"（basic skills）；第二，它是与情境关联的，是知识和技能应用于21世纪生活与工作情境的产物。

基于这种认识，P21项目开发出了详尽的"21世纪学习框架"。（Partnership for 21st Century Skills，2015）该框架由两部分构成：（1）核心学科（key subjects）与21世纪主题；（2）21世纪技能。前者侧重知识，后者侧重技能，二者相互依赖，彼此交融。"学习、信息和生活技能，唯有与核心学科知识建立联系的时候，才能产生意义。反之，核心学科知识唯有通过21世纪技能而获得的时候，才能被深入理解。"（Partnership for 21st Century Skills，2011）

在该框架中，"核心学科"包括：英语、阅读或语言艺术，世界语言，艺术，数学，经济学，科学，地理，历史，政府与公民。值得注意的是，经济学成为核心学科之一。"P21相信，21世纪教育必须建立在坚实的学科知识（content knowledge）基础之上。"（Partnership for 21st Century Skills，2011）但这里的"学科知识"，"不是指储存一堆事实"，而是指学科观念和思维方式，其目的在于让学生像学科专家那样去思考。一如杰出心理学家、教育改革家布鲁纳所言："知识是过程，而非产品。"（Partnership for 21st

---

① 在美国，技能（skill）与素养（literacy）通用。

Century Skills，2011）

"21世纪主题"（21st century themes）包括：全球意识，金融、经济、商业和创业素养，公民素养，健康素养，环境素养。所有这些主题均是源自21世纪情境的跨学科主题，旨在帮助学生解决复杂的个人、社会、经济、职业和全球问题。因此，"21世纪主题"不仅要求建立学科知识和真实生活情境的联系，还要建立不同学科知识彼此间的内在联系，它着眼于培养学生的跨学科意识和运用多学科知识解决复杂问题的能力。

"21世纪技能"包括相互联系的三类：（1）学习与创新技能，包含"创造性与创新""批判性思维与问题解决""交往与协作"三种技能；（2）信息、媒介和技术技能，包含"信息素养""媒介素养"和"信息通信技术素养"三种技能；（3）生活与生涯技能，包含"灵活性与适应性""首创精神与自我导向""社会与跨文化技能""生产性与责任制""领导力与责任心"五种技能。

三类"21世纪技能"的逻辑关系是：运用"21世纪工具"（21st century tools）发展学习技能与生活技能；学习技能侧重认知性素养，生活技能侧重非认知性素养，二者相互促进、相得益彰。由于"技术已经并将继续成为21世纪工作场所、社区发展和个人生活的驱动力量"，（Partnership for 21st Century Skills，2002）明智、负责任和创造性地选择与使用技术成为21世纪公民的基本素养，因此学生应发展信息素养、媒介素养和信息通信技术素养。由于创造、创新和创业已经并将继续成为21世纪知识社会的主旋律，学生需要发展学习和创新技能。由于全球化和信息通信技术的发展，个人生活、社会生活、文化生活、职业世界的多样性、复杂性、异质性和相互依赖性空前加剧，成功人生和健全社会要求学生必须具有生活与生涯技能。

我们可由此发现"21世纪学习框架"的如下典型特点：第一，它把核心学科与21世纪主题和21世纪技能既做了清晰区分，又使二者有机融合，由此使知识与技能相得益彰；第二，它把核心学科与具有跨学科性质的21世纪主题既做了清晰区分，又使二者有机融合，由此使学科课程与跨学科课程相得益彰；第三，它对21世纪技能做了清晰分类，又恰当处理了彼此间的关系，由此形成完整的 21 世纪技能或素养体系；第四，它为如何实施"21 世纪学习框架"提供了完备的支持系统，包括"21 世纪标准""21 世纪评价""21 世纪课程与教学""21 世纪专业发展""21 世纪学习环境"五个彼此联系的子系统，由此为框架实施提供了保障。

由此观之，美国"21 世纪学习框架"清晰、完备且操作性强。如果说 OECD 和欧盟的核心素养框架更有助于国家和地区进行教育改革的宏观规划与决策，体现出"自上而下"的特性，那么美国"21 世纪学习框架"则更有助于学校和学区进行校本化课程与教学改革，体现出鲜明的"自下而上"的特性和教育民主的追求。

（四）世界共同核心素养

从以上分析可以看出，世界不同国家、地区、国际组织和专业机构均根据各自需求和传统厘定信息时代核心素养的内涵和框架。那么，人们对信息时代人类共同追求的核心素养达成了哪些共识？荷兰学者沃格特（Joke M. Voogt）等人在对世界上著名的八个核心素养框架进行比较分析以后，得出如下结论：（1）所有框架共同倡导的核心素养是四个，即协作素养，交往素养，信息通信技术素养，社会和（或）文化技能、公民素养；（2）除此之外，大多数框架倡导的核心素养是另外四个，即创造性、批判性思维、问题解决、开发高质量产品的能力或生产性。（Voogt et al.，2012）

这八大素养是人类在信息时代的共同追求，可称为"世界共同核心素养"。它们同时关注认知性素养和非认知性素养，体现了知识社会的新要求。我们倘若对它们做进一步提炼，可化约为四大素养，即协作、交往、创造力、批判性思维，由此构成"21 世纪 4C's"。其中，前两者属非认知性素养，后两者属认知性素养。这也呼应了前述列维和莫奈提出的"复杂交往"与"专家思维"两大核心素养。

世界共同核心素养即世界对信息时代人的发展目标的共同追求，体现了世界教育的发展趋势。我国要构建自己的核心素养体系和信息时代教育，必须顺应此趋势。

三、对核心素养内涵的再认识

究竟该如何理解"素养"与"核心素养"？

让我们先从词源学分析入手。"素养"的英文为 competence 或 competency[①]，其拉丁文词根为 competere，从词源学上看，它是指各种能力或力量（powers）的聚合，以使人恰当应对情境。（Doll，2012）[67] 其中，com-是指"聚合"（together），petere 是指"追求、奋力向前"（to seek，drive forward），合起来看，competere 即指"合力奋斗"（to strive together）。（陆谷孙，1993）这里清晰表明"人为适应环境而合力奋斗"的原初意涵。

质言之，"素养"最初是指人恰当应对情境之需要的综合能力。它本质上是人的存在状态（a state of being）或能力。一个有素养的人，就是当他或她置身于特定情境的时候，有满足情境之需要的"恰当性、充分性或态度"。（Doll，2012）

关于素养，无论是 OECD 的界定"运用知识、技能和态度满足特定情境中复杂需要的能力"，还是欧盟的界定"适用于特定情境的知识、技能和态度的综合"，均体现了素养概念的原初含义。

据此，本书对"素养"与"核心素养"尝试界定如下：

[①] 这两个英文单词的内涵几无区别，只是 competence 更常用些。国际教育文献中，欧盟更多使用 competence，OECD 更多使用 competency。至于二者的细微区别，欧盟的著名报告《核心素养在欧洲》中写道："复数形态的 competences 更多指人的特征、能力和素质（qualities）的整体观念，而 competencies 更接近于将技能（skills）用作能力，它通常是习得的，指操作某种行动以达到期望的结果。"（Gordon et al.，2009. Key competences in Europe: Opening doors for lifelong learners across the school curriculum and teacher education, Case Network Reports, No. 87, p. 39.）倘若如此，competences 更强调人的能力或心理特征的综合性，它具有内在性；competencies 更强调习得的技能或能力，更具结果取向。但从 OECD、欧盟或其他核心素养的文献来看，未必一直存在这种区分，选择哪一个词，只是使用习惯问题。

> 素养是人在特定情境中综合运用知识、技能和态度解决问题的高级能力与人性能力。核心素养亦称"21世纪素养",是人适应信息时代和知识社会的需要,解决复杂问题和适应不可预测情境的高级能力与人性能力。核心素养是对农业和工业时代基本技能的发展与超越,其核心是创造性思维能力和复杂交往能力。核心素养具有时代性、综合性、跨领域性(transversality)与复杂性。

对此定义,首先做以下两点说明:

第一,素养与核心素养是高级能力与人性能力。所谓高级能力是人面对复杂问题情境时做出明智而富有创造性的判断、决策和行动的能力。此即前述列维和莫奈所谓的"专家思维",即像专家一样去思考。知识记忆能力、技能熟练操作等凡机器能替代的能力均不在高级能力之列。所谓人性能力,即建立在人性、情感、道德与责任基础上的能力。素养作为能力,是道德的、负责任的。"'人性能力'……其中便包括'道德'。"(李泽厚,2010)有素养的人,不仅是有创造性的人,而且是对其行为负责任的人。一如OECD对核心素养的界定之一:对个体和社会产生有价值的结果。因此,制造大规模杀伤性武器的能力不属于素养或核心素养的范畴。

第二,核心素养的"时代性"意指它是因应信息时代需要而诞生的"新能力"。用欧盟的说法,它是"新基本技能"。核心素养的"综合性"意指它是知识与技能、过程与方法、情感态度与价值观"三维目标"化为一体的整体表现。核心素养的"跨领域性"既指其超越学科边界的跨学科性,又指其应用于不同情境的可迁移性,还指其连接学科知识与生活世界(真实情境)的"可连接性"。核心素养的"复杂性"既指其立足复杂情境、满足复杂需要的特性,又指其为复杂的、高级的心智能力,即"心智的复杂性"(mental complexity)。

进一步理解素养与核心素养的内涵,尚需处理如下三对关系。

（一）素养与知识

素养不是知识，知识的积累不必然带来素养的发展。倘若秉持僵化、凝固的知识观，并以灌输、训练的方式教授知识，知识的积累反而导致素养的衰减甚至泯灭。但素养离不开知识，没有知识，素养就是无源之水、无本之木。伴随知识社会的到来，知识的价值正与日俱增。在信息时代，怎样让知识学习过程成为素养形成过程？

首先，转变知识观，不再把知识当作"客观真理"或"固定事实"，而使之成为探究的对象和使用的资源。即使处在工业时代的杜威都说："知识不再是稳定的固体，它已然液态化了。"（Dewey，2008）那么在今天的信息时代，知识就更加变动不居了。再把学生当"活的图书馆"（布鲁纳语）去储存知识，非但不能发展素养，还会从根本上摧毁学生人格。

其次，将知识提升为观念。就学科而言，将学科知识提升为学科观念。在信息时代，知识的衰减和更新速度空前加快，但知识所体现的观念或思想却相对稳定。因此，舍弃烦琐却无法穷尽的"知识点"，精选核心学科的"大观念"，并联系学生的真实生活情境展开深度学习，是信息时代课程内容选择的基本原则——"少而精"原则。

再次，尊重学生的个人知识（personal knowledge）。所谓个人知识，即个体在与学科知识和生活世界互动时所产生的自己的思想或经验。信息时代即自由创造知识的时代。尊重个人自由就是尊重个人创造知识的权利。如果说工业时代的波兰尼（Michael Polanyi）就已经敏锐意识到"个人知识"的重要性的话，那么在当今信息时代，崇尚个人知识已成为时代特征之一。学生的个人知识是其素养的基础、前提和载体。没有个人知识，断无素养形成。学生的学科素养建基于其学科思想。学生的跨学科素养建基于其生活理解与体验。因此，尊重学生的个人知识是发展学生素养的关键。

最后，转变知识学习方式，倡导深度学习与协作学习。知识+实践=素养。一切知识，唯有成为学生探究与实践对象的时候，其学习过程才有可能成为素养发展过程。因此，转变知识学习方式是素养发展的前提，让知识学习过程实现批判性思维与社会协作的连接。为此，一要倡导深度学习（deeper learning），让知识学习成为批判性思维和问题解决的过程；二要倡导协作学习（collaborative learning），让知识学习成为交往与协作，即集体创造知识的过程。

（二）素养与情境

实践乃素养之母。一切实践均植根于情境之中。因此，素养的形成和发展与情境存在密不可分的关系。

首先，素养依赖情境。素养是一种复杂、高级、综合、人性化的能力，其形成与发展只有植根于真实情境才有可能。倘离开真实情境，可能有知识技能的熟练，断无素养的发展。"21世纪的工作，知识根植于情境，且分布于共同体之中，而非抽象的、孤立于个体的。"（Dede，2010）[2]随着信息时代的到来，知识的情境性日益增强。核心素养的培养与发展离不开情境学习。所谓情境学习（situated learning），即"通过学徒制与导师制，基于真实的、现实世界的任务而学习"（Dede，2010）[1]。这一方面是指将知识与真实的、现实世界的情境连接起来去学习，另一方面是指学习者能够与特定领域的专家（如科学家、工程师等）结成共同体，接受专家的指导，对真实任务进行"合法的边缘参与"，由此进行真实的学习。正是在真实的情境和真实的学习中，知识得以创造，素养获得发展。

其次，素养超越情境。在信息时代，知识日益情境化，情境（生活与工作）日趋复杂化。唯有将知识植根于情境，才能找到知识学习的意义，促进素养发展。"为迁移而教"（teaching for transfer）在信息时代焕发新生命，富有新内涵。唯有将知识学习与真实情境联系起来，并以"做课题"的方式进行学习，知识的迁移性才可能增加，素养也才能发展。"课题（projects）可使学生在学科知识与其应用之间建立即时联系。""如果学习情境与所学习的材料能够得以应用的现实生活情境相类似，那么学习的效果就能得到最大化。"（Partnership for 21st Century Skills，2011）与此同时，素养一经形成，又能超越具体情境的限制，广泛应用于不同情境之中，且适应情境的不断变化。知识的迁移性孕育着素养的迁移性。这意味着促进素养发展的知识学习需要与多样化的情境相联系，使迁移得到最大化。

再次，核心素养的形成与发展需关注虚拟环境（virtual environment）及其对教育和人的发展的影响。由于信息技术的迅猛发展和广泛应用，21世纪社会环境和学习情境的一大特点是虚拟环境和现实世界的互动与融合。借助信息技术，人们不仅可以超越时间、空间、身份限制与人交往，由此扩大与加深自己的经验，而且可以模拟和创造现实世界不可能存在的事物与现象，从而扩充和增强现实世界。在信息时代，个人生活、社会生活和职业世界日益存在于"增强现实"（augmented reality）之中。所谓增强现实，即"由现实的与数字化的人、地方和物体相互交织而创造的模拟经验"（Dede，2010）。虚拟环境和增强现实为人的发展提供了新的机遇与挑战。人们有可能深陷虚拟环境和增强现实而不能自拔，由此导致身份危机并逃避现实。但倘若正确而恰当运用虚拟环境和增强现实，人们的经验将得到空前扩充与深化，人们的身份将更加自由与开放。学校教育唯有直面这种挑战，才有助于学生核心素养的形成与发展。

（三）素养与表现

探索素养与表现（performance）的关系，是理解素养内涵的重要方面。这对核心素养的教学和评价尤其重要。

首先，素养与表现存在重要区别。素养是一种将知识与技能、认知与情感、创造性与德性融为一体的复杂心理结构。它遵循的基本原则是心灵（mind）原则。表现是在特定情境和条件下的外部行为呈现。它遵循的基本原则是行为（behavior）原则。二者的区别显而易见。漠视这种区别，会导致对素养的误解与误判，阻碍素养发展。

其次，素养与表现具有内在联系。素养是表现的基础和源泉。倘漠视不可直接观察的素养，只关注人的外部行为表现，必然走向行为主义的"表现模式"（performance model）。当教育基于"表现模式"的时候，必然走向机械化与训练化。与此同时，素养总会以某种方式获得表现，当表现被恰当理解和使用的时候，它可以成为判断素养发展水平的标志之一。再者，恰当的表现具有开掘源泉的作用，会促进素养发展。正如布鲁纳所言："素养需要拥有表现'出口'（a performance outlet），教师的任务是发现该'出口'。"（Doll，2012）[76] 倘漠视素养的表现维度，必然走向神秘主义的素养观，由此导致素养教育的空泛与虚妄。

再次，素养与表现的关系具有复杂性。素养与表现之间不是径直的、线性的、一一对应的。素养的表现受种族、文化、习俗、语言、性别、个性、具体情境等因素的影响，因此一种素养可能有多种表现。由于外部行为表现本身具有综合性，一个表现可能体现了多种素养。同样的表现可能体现了不同的素养，如两个学生的数学成绩相同，但有可能体现了不同的数学素养。有的素养可能尚处于潜能状态，暂时未获得表现。有的表现有可能是机械记住了外部的表现要求，未必体现了相应的素养，如按外部要求机械做出了协作行为，但未必就具备了协作素养。布鲁纳曾说："从表现直接推断出素养，即使并非不可能，那也是极为困难的。"（Doll，2012）[76] 很可能是注意到由素养到表现的滞后性与复杂性，诺丁斯（Nel Noddings）指出："对素养而言，表现是既非必要又非充分的标准。"（Noddings，2012）

为形象理解素养与表现的关系，我们可以大致提出一个冰山模型。冰山水面之上的部分是表现，但大部分素养并未表现出来，伏在水面之下。冰山水面之上和水面之下的部分当然存在内在联系，但哪些部分浮出水面又受外部环境和条件的限制。核心素养的教学和评价既应明智理解冰山水面之上的表现部分，又应小心呵护大部分伏在水面之下的素养部分，还要恰当处理二者的关系。

四、核心素养与"双基"的关系

核心素养并非空穴来风，它是人类为迎接21世纪信息文明的挑战而确立的观念。信息文明具有全球化、知识本位、创新驱动等特点，因为人的知识和思想开始具有商品属性，社会经济和职业形态发生巨大转变，个人发展在信息洪流的冲击下产生了新问题，社会生活在全球化时代具有了新形态并面临新挑战。在信息文明日益严峻的挑战面前，我国主要按照工业文明和农业文明的要求而建立起来的教育体系的缺陷日益突出，因此我国提出"核心素养"这一观念，试图实现我国教育于信息文明时代的转型。

因此，对核心素养的含义既不能随意解释，也不能局限于传统理解，必须基于信息文明时代人的发展的新特点和新需求而重新界定。知识本位（knowledge-based）与创新驱动（innovation-centered）的特点要求人必须具有批判性思维能力与创造性思维能力；全球化的特点要求人必须具有复杂交往能力。所谓核心素养，即人们适应21世纪信息时代个人和社会的发展需求，解决复杂问题和适应不确定情境的高级能力与人性能力（道德意识）。它有三个最显著的特点：第一，它是一种高级能力，以批判性思维、创造性思维和复杂交往能力为核心，而不是记忆能力、知识技能熟练等低级能力；第二，它具有道德感和社会责任感，倡导负责任的创新、创造与批判，不是所有高级能力都是核心素养；第三，它具有鲜明的时代特征，应对信息文明的召唤，区别于工业文明和农业文明时代的人的发展，尽管三种文明之间不是割裂和对立的。（张华，2014）

我国传统教育素来重视"双基"，即基础知识与基本技能。当核心素养成为新的教育目标之后，核心素养与"双基"是怎样的关系？素养教育与"双基"教育又是怎样的关系？

对这两个紧密联系的问题，有三种典型观点。第一种观点认为，核心素养的基础是"双基"，只要"双基"熟练掌握，自然生成核心素养，二者无对立和冲突，本质上是相同的。我国基础教育的特点和优势是重视"双基"，只要继续坚持和强化"双基"教育，就必然带来素养教育。这种观点可称为"相同说"：核心素养与"双基"无不同，素养教育与"双基"教育很一致。

第二种观点认为，"双基"对发展核心素养的基础地位以及我国教育重视"双基"的特点和优势必须坚持，但是，随着时代的发展，"双基"应当与时俱进，在数量上增加。例如，在我国数学教育界有一种观点，即把"双基"增加为"四基"，除基础知识、基本技能之外，又增加"两基"：

基本思想与基本活动经验。这种观点可称为"加法说",即在"双基"的基础上做加法。

第三种观点认为,核心素养与"双基"存在根本区别,二者没有实质性联系,核心素养既不依赖于特定知识或技能,又可适用于任何知识、技能或情境。譬如学习骑自行车,学习时不局限于使用某辆特定的自行车,一旦会骑了,不仅恒久不忘,而且可以骑任何自行车。这种观点可称为"无关说":核心素养与"双基"无实质关联。

从我国当前教育理论与实践来看,上述"相同说"与"加法说"相当普遍,无论秉持者是否意识到。持"无关说"的人相对少些,但由于该观点与历史上的"形式教育论"紧密相关,它在我国教育理论与实践领域也有一定市场。那么,怎样看待这三种观点?

"相同说"本质上是试图用"双基"替代核心素养、用"双基"教育替代素养教育,它实际上是"双基说"。"双基说"之所以流行,我国基础教育之所以重视"双基",有复杂的历史文化与社会现实的根源。两汉以后所形成的"经学独断论"认为儒家经典不但是唯一正确的,而且是无所不包的"百宝箱",为以诵读、记忆为特点的学习方式打下了最早基础。隋唐以后正式确立的科举制使儒家经典与政治权力和社会阶层流动紧密捆绑,"经学独断论""经学权力论"与"经学功利论"三位一体,形成了几乎是中国特有的绵延千年以上的考试文化,这是我国今日积重难返的应试教育的历史文化基础。过去40多年来,一方面是高考、中考制度的恢复和日益强化,另一方面是强调知识传授和技能训练、"见物不见人"的凯洛夫教育学及其中国变式而成的"官方教育学",为"双基说"的流行提供了社会现实基础。僵化的哲学观特别是认识论,认为真理是不以人的意志为转移的"客观规律",基础知识、基本技能是"真理"的化身,为"双基说"提供了哲学基础。自上海分别于2009年、2012年两次参加OECD的"匹萨考试"(PISA),取得"世界第一",且一次比一次好以后,许多人以此为理由欢呼"双基说",强化"双基"教育。

在"双基说"看来,"基础知识",无论是科学技术还是人文经典,是极少数人发明创造、供大多数人掌握运用的普世有效的"客观规律"或

"客观真理";"基本技能",无论是心智技能还是动作技能,是供人内化的固定行为规范,以准确性和熟练化为特征,以追求活动效率为目标。在这里,掌握"双基"与发展能力或核心素养之间呈线性关系:前者是基础、前提和第一性的,后者是结果、派生物和第二性的。"双基"决定核心素养。强化"双基"教育是发展核心素养的不二法门。诚如前述,核心素养是高级能力与道德意识、社会责任感的融合。发展核心素养,既需要尊重每一个人的个性自由,因为以创造性为核心的高级能力本质上是自由个性的自然表现,又需要转变知识观,让一切知识均成为人们探究的对象和使用的工具,每一个人都有权利对任何知识产生自己的理解,还需要转变知识技能的教学与学习方式,让知识的发明创造过程本身变成教学与学习,因为人只能在创造中学会创造。"双基说"价值观上的控制取向、知识观上的"客观真理"论、方法论上的讲授主义,不但扼杀了学生的自由个性,而且剥夺了学生的知识创造权利,泯灭了学生的创造能力。"双基说"不仅无助于核心素养的发展,而且使知识技能的掌握与核心素养的发展之间成反比关系或形成"剪刀差":知识技能越熟练,核心素养则越低。

"加法说"是"双基说"的补充与延伸。它是应试教育与素质教育、"双基"教育与素养教育之间折中、调和的产物。它首先全盘接受"双基说",进而补充一些符合素质教育要求的内容,如增加学生的活动等,试图适应应试教育与素质教育的双重要求,既保住了中国教育的传统"优势",又与国际接轨。但因其未质疑"双基说"的根本问题,特别是未改变知识观,所增加的所谓"素质教育"的内容就变成了装饰。

"无关说"看到了"双基"与核心素养的区别,这是其正确的一面。但是,离开了高阶思维的内容,高阶思维过程就成了无源之水、无本之木。"双基说"的错误不在于重视了知识,而是扭曲了知识及其学习过程:它把知识仅仅理解为"客观真理"或一堆"事实",把学习理解为内化真理或事实。"无关说"本质上是"形式教育论"的翻版:只重教育形式,忽视教育内容。由于脱离了探究对象或内容,探究过程本身就必然日益形式化和机械化,沦为单纯的记忆过程,因而无法解决复杂问题并适应不可预测的情境，无法形成真正的核心素养。

怎样处理核心素养与"双基"的关系？怎样超越"双基说"，确立真正的"核心素养说"？怎样超越"双基"教育，走向素养教育？至少需要做到如下三点。

第一，转变课程知识观。知识，一如真理，其本质在于探索、揭示世界，而非遮蔽、覆盖世界。课程知识本质上是帮助学生探索、揭示世界，以持续产生并发展自己的思想或理解。要基于核心素养的要求重建课程知识。首先，课程内容不是由零散的知识点或孤立的事实构成的，而是由核心观念（core ideas）构成的。解决复杂问题依靠整体而有力的核心观念，而不是零散的知识点。因此，每一门学科都要基于"少而精"的原则选择最有价值的学科知识，都要从零散的知识点走向拥有内在联系的学科核心观念。学科核心观念是体现学科本质特性和教育价值的最关键的学科概念、原理、思想与态度。其次，学科探究与实践是课程内容的有机构成。所谓学科探究与实践，是指学科专家（人文科学家、社会科学家、自然科学家、工程师等）探索世界、解决问题和创造学科知识的典型探究与实践过程。倘承认知识的过程性，就必须将学科探究与实践视为学科知识的有机构成。将学科探究与实践基于学生的年龄和个性特征进行转化，由此成为具有发展连续性和进阶性的课程内容。学生在真实情境中，通过亲自探究与实践学科核心观念，由此形成学科核心素养。再次，教师与学生的个人知识是课程内容的有机构成。教师正是基于其个人知识将学科内容转化为学科教学知识。学生正是基于其个人知识探究学科观念，发展核心素养。学生的个人知识与学科知识的对话、互动过程，即学生核心素养的生成过程。

第二，将知识创造过程变成教学和学习过程。百年以来，人类教育科学取得的伟大成就之一是确立了这样一条原理：人只有改变了世界才能理解世界，教育即帮助学生改变世界。一百多年前杜威倡导的"做中学"（learning by doing）依然闪耀着时代精神的光芒，我们需要根据信息文明的要求赋予其新的内涵。如今，"创中学"（learning by making）的潮流正席卷整个世界。诞生于18世纪启蒙运动及20世纪初的"发现教学""探究教学""问题解决教学""设计教学"(project method)、"协作教学"(team work),如此等等,本质上是使教学和学习过程成为真实的知识创造过程。这些教育思潮与实践既未失败,也未过时,日益成为核心素养时代的主要教学方式。诚如美国学者罗宾逊(Kenneth Robinson)所言:"我们并非长大了才有创造性,我们是在创造中成长。抑或说,我们是在创造过程中受教育。"(Partnership for 21st Century Skills,2011)当前我国课堂教学改革最迫切的任务是从根本上超越与"双基说"相适应的凯洛夫教育学的讲授主义教学观。倘不把教学变成真实的知识创造,不让以"问题解决教学"和"协作教学"为核心的新的教学方式成为我国课堂教学的主要教学方式,就根本不可能发展学生的核心素养。只是喊几句口号、提几条理念,根本漠视学生和教师的知识创造权利与过程,则难逃凯洛夫教育学窠臼,无法根本改变课堂教学。

第三,将"双基"优势转化为核心素养优势。我国学生"双基"熟练本身不是缺陷,通过泯灭学生的个性自由和创造性、以牺牲核心素养发展为代价而达成"双基",才是致命缺陷。传统"双基"教育中有无学生核心素养发展?当然有,但它是"双基"教育以及应试教育的副产品,是局部的、少量的、无意识的。在此过程中,更经常发生的是学生核心素养的被摧毁,如学习兴趣的降低、协作精神的扭曲和泯灭,等等。要将我国基础教育的"双基"优势转化为核心素养优势,需要让教育发生根本转型:通过让学生经历真实的探究、创造、协作与问题解决,发展学生的核心素养。在此过程中,一切基础知识、基本技能均成为学生探究的对象和使用的工具,其目的是产生学生自己的思想和理解,它们不是学生直接掌握的对象。这样,知识技能的掌握成为探究和创造过程的副产品,"双基"成为核心素养的副产品。

"双基"优势转化为核心素养优势之时,即我国基础教育改革成功之日。

五、核心素养理念下的儿童观

构建信息时代课程与教学新体系，发展儿童核心素养，保障每位儿童的受教育权，是义务教育课程修订的根本目标。确立与信息时代相适应的儿童观、学习观与课程观，是深化义务教育课程改革的关键。

为适应义务教育阶段儿童的发展特点与需求，同时体现"学科是从生活逐步分化"的课程原理，本次义务教育课程修订过程中创造性地提出了"课程核心素养"概念，指出"凝练课程所要培养的核心素养，体现课程独特育人价值和共通性育人要求"。（中华人民共和国教育部，2022）所谓课程核心素养，是适应信息时代个人和社会发展需要，学生修习一门学校课程后所形成的正确价值观、必备品格和关键能力。它是学生在真实情境中解决复杂问题的高级能力与人性能力。课程核心素养是儿童在后天的教育和学习过程中所获得的高阶思维能力和价值判断能力，它包含一个逻辑前提：儿童（0~18岁）生来具有理智判断和价值判断的潜能，儿童的学习与发展始终拥有高阶思维的内在需要，唯有提供包含高阶思维的学习机会，儿童的核心素养才能获得发展。因此，核心素养理念呼唤一种新儿童观——与信息时代相适应的儿童观。

信息时代的儿童观至少具有下列四个层面的内涵。

（一）儿童价值的阶段论与儿童认识的连续论

自文艺复兴儿童意识觉醒、启蒙运动儿童内在价值最终确立以后，关于儿童发展，有两种典型观点，即阶段论（stage theory）与连续论（continuum theory）。阶段论认为儿童的认知、情感、人格和社会性发展具有阶段性，每个阶段具有独特性，不同阶段之间有质的差异，恰如化茧成蝶。连续论认为儿童的发展是一个连续性生长的过程，不同水平之间无阶段独特性和质的差异性，恰如嫩芽、树苗直至参天大树，不过是年轮不断增加而已。

阶段论起源于儿童内在价值论。18世纪以来伟大的启蒙理想——人即目的，必然蕴含着儿童即目的，也必然会引申出儿童阶段与成人相比具有独特内在价值。由于儿童是身心快速成长、发育和发展的时期，这就促使人们把儿童阶段本身再细分为不同发展时期并寻找各时期的身心发展独特性，因此阶段论在儿童发展理论中一直处于主导地位，对促进儿童内在价值的发展以及现代民主文明的进步具有重大贡献。18世纪卢梭开儿童阶段论先河，20世纪皮亚杰的儿童认知发展阶段论达到顶峰。但必须看到，当阶段论拓展到儿童认识领域，将儿童认识区分为"低级"与"高级"，并认为二者存在"质的差异"，这不仅可能导致儿童认识发展的机械论，将儿童不同时期认识发展人为割裂化，而且更大的危险是会导致儿童内在价值的虚化，阻碍儿童内在价值的发展。当认为整个儿童阶段或某个年龄之下的儿童认识水平"低级"，不能进行理智和价值判断，那就为别人告诉儿童什么是正确和错误、什么是好与坏铺平了道路，"尊重儿童的内在价值"就变成了空话。人的尊严首先是思想尊严。尊重儿童的内在价值首要的是尊重儿童思想的权利。

连续论强调环境和教育对儿童发展的作用，特别为一些经验论哲学家和行为主义心理学家所主张。它强调儿童身心发展的连续性以及环境和教育的作用，有合理之处。但是，如果任意夸大环境和教育的作用，忽视儿童的内在价值和主体地位，则会走向机械的"环境决定论""教育万能论"和形形色色的"工具主义"，导致儿童教育的工具化与专制化。

人是制造和使用工具的存在。在今天的信息时代，电脑已成为儿童的机器，作为信息时代"原住民"的儿童可以借助电脑自由创造思想、生活和世界。我们需要重新理解阶段论和连续论，建立与信息时代相适应的新儿童观。

首先，在儿童价值论上秉持阶段论，并将阶段特性建基于儿童个性发展的独特性之上。与成人比较，儿童阶段具有独特性。儿童与成人之间的差异不是等待填补的空缺，而是值得尊重的价值。这种价值构成了"阶段文化"的基础。这就是儿童文化的由来。儿童文化本质上是儿童阶段的独特价值、生活方式和意义体系。它既可以表现为不同年龄段或学龄段，也可以表现为"一岁"或"一个年级"。其根本价值追求是儿童的每一个年龄阶段和每时每刻都具有内在价值并值得珍视，儿童的名字叫"今天"。无论是卢梭"把儿童当作儿童"的观念，还是杜威"用绝对的、内在的观点看待儿童"、让儿童过"共同体的组织与生活"等观念，以及维果茨基关于儿童具有社会性、让学习植根于"最近发展区"以引领其发展等观念，均是对儿童文化价值的深刻揭示。与此同时，在同一个阶段文化中，不同儿童具有个性发展的独特性和差异性。正是个体独特性和差异性，让儿童交往、团队协作成为必要，儿童文化建立在儿童个性之上，儿童个性以儿童文化为发展条件。尊重每一个儿童的独特价值与尊严，儿童的名字叫"独特"。卢梭的"原子儿童观"奠定了尊重儿童个性价值的最早基础，他创造的"爱弥儿"是儿童自由个性的"标准像"。杜威认为人性是可变的，儿童的个性不是抽象而固定的，像藏在抽屉里、等待取出的宝贝那样，而是通过社会联合行动在改变世界的过程中不断创造出来的，他把这种个性称为"新个性"。（Dewey，1984）当代存在主义者则进一步主张儿童个性是关系中的独特性与可能性，儿童即项目（projects），儿童本质上是自我创造的。（Sartre，2007）凡此种种观点均向我们昭示：教育必须既要尊重儿童文化的价值，又要尊重儿童个性的独特性。漠视儿童独特性则无教育或反教育。教育学即儿童学。

其次，在儿童认识论上秉持连续论，并将儿童认识理解为程度上不断深化的创造过程。认识即创造。儿童认识与成人认识的区别不是有无创造的区别，而是创造的复杂程度、成熟水平和社会意义上的区别。只要在价值论上承认儿童是主体和自我创造者，必然在认识论上承认儿童是认识者、理解者和创造者。杜威曾说："一个三岁儿童发现他能用积木所做的事，或者一个六岁儿童发现把五分钱和另一个五分钱加在一起能做什么，他就是真正的发现者（discoverer），即使世界上所有其他人都知道这一点。……儿童自己所体验到的快乐是理智建构——创造的快乐，如果创造一词的使用不被误解的话。"（Dewey，1980）[166]认识即个体经验中新质（a new quality）的产生，是思维和创造的过程。儿童与成人之间、儿童的不同发展阶段之间，均是创造、思维和理解的程度上不断加深、范围上不断扩大、社会意义不断提升的过程。

总之，倡导儿童价值的阶段论，尊重儿童文化的特殊性和儿童个性发展的独特性，秉持儿童认识的连续论，让儿童认识成为一个程度上不断加深的"创造力的连续体"，这是信息时代儿童观的基石，是发展核心素养的内在要求。

《义务教育课程方案（2022年版）》指出："聚焦中国学生发展核心素养，培养学生适应未来发展的正确价值观、必备品格和关键能力"；"为每一位适龄儿童、少年提供适合的学习机会。把握学生身心发展的阶段特征，注重幼儿园、小学、初中、高中各学段之间的衔接"；"凸显学生的学习主体地位，开展差异化教学，加强个别化指导，满足学生多样化学习需求"。这些政策的本质是尊重儿童的价值尊严与创造权利，让课程既体现儿童文化和儿童个性的独特性与差异性，又体现儿童不同发展阶段之间认识的连续性、衔接性和周期性。

（二）儿童认识具有高级性

认识即创造，创造具有高级性。儿童是高阶思维者。儿童与生俱来带着"四种本能"：社会交往本能、建造本能、探究本能与表现本能。（Dewey，2008）由此构成儿童高阶思维和社会交往的自然能力与基础。儿童出生以后，便基于这些高阶思维和社会交往的"种子"与周围环境展开互动，在积极主动的行动——游戏和活动中改变着世界、建构着自我。儿童在活动过程中、基于日常生活经验，自发建构着各种各样用于解释生活现象的"天真理论"（naive theories），并以这些理论为背景形成和发展着"日常概念"。"毛衣能产生热量"，"树摇动产生了风"，"山是人建造的"，"雨是天上的爷爷在浇花"……，诸如此类的"理论"和相应的"概念"在学术或科学上是错误的，因而被称为"迷思概念"（misconceptions）。(Gardner，2011a)[155-180] 然而，儿童这些迷人的天真理论和错误概念从另一个方面证明：儿童是理论、概念和价值的建构者。进入制度化幼儿园和学校教育以后，儿童基于其日常生活经验及由此形成的"天真理论"和"日常概念"，系统学习更有解释力量和社会意义的以学科形态呈现的学术理论与概念。这个过程便是将学科逻辑转化为儿童的心理经验、变成儿童经验生长的环境，并以学科逻辑为判断标准从儿童既有经验中选择有生长价值的要素，让儿童以社会交往、探究、建造、表现等方式学习学科知识，参与社会生活，主动纠正原先的"迷思概念"，不断形成日益丰富和专业化的"概念性理解"，最终发展成为具有高阶思维能力和社会责任感的具有自由个性的人。

认知心理学、新兴的学习科学等研究领域提供了大量科学证据，充分证明：儿童的高阶思维和社会交往能力既不是"不全则无"的，也不是线性发展的，而是一个从简单到复杂、从不成熟到日益成熟的动态、整体和有机发展的过程。众所周知，当代伟大的心理学家皮亚杰开创了认知心理学，创造了建构主义心理学说，提出了著名的儿童认知发展阶段论。他的建构主义学习理论从唯理论和结构主义哲学的角度确立了儿童是知识建构者与主动学习者的观念，与杜威的思想殊途同归。但他的"四阶段"认知发展理论认为，儿童只有发展到"形式操作阶段"（formal operational stage），即初中以上的青少年时期，才能从事真正意义的逻辑思维、概念性思维，发展概念性理解，因为这个阶段的儿童才能运用符号、形成概念；幼儿园阶段的儿童思维"不具有逻辑性"，也"不具有可逆性"（如我们把橡皮泥球搓成香肠后还可以再搓回到橡皮泥球，但儿童思维不能像我们搓橡皮泥一样从香肠返回到球的形状），故不能进行逻辑思维；小学阶段只能借助形象进行"具体思维"，无法进行真正的抽象思维。皮亚杰的这些观察和实验结论与近几十年以来的研究证据相左。心理学和学习科学证明：18~36个月大的婴儿就是问题解决者；3~4个月大的婴儿就开始产生物理概念的萌芽；6个月大的婴儿开始产生生物因果关系的萌芽；6~8个月大的婴儿就有数字概念的萌芽；2个月的婴儿就表现出对母语的敏感性；18~24个月大的婴儿就表现出初步的"元认知策略"。(Bransford et al., 2000)[79-113]研究还证明：假如提供有意义的情境，幼儿和小学生都能进行抽象思维；儿童的概念一般局限在特定专业领域，概念的获得需要理论的支持；儿童的概念性理解具有累积性，需要不断形成和发展。（Medwell et al.，2019）总之，越来越多的科学证据充分证明了儿童认识的高级性。

儿童认识具有高级性的认识论观点和相应科学证据对义务教育课程改革具有重大意义。首先，既然儿童是天然的高阶思维者和复杂交往者，将课程目标指向发展学生的核心素养，就是儿童发展的内在需求，符合儿童的天性和发展需要。其次，培养学生的核心素养需要摒弃"长大了再创造"的传统线性发展观，儿童并不因年龄小而沦为受人摆布的"知识容器"，儿童是因"未成熟"而更富潜能和可能性的"小创造者""小发明家"。再次，素养本位课程与教学需要将创造变成学生的学习与生活方式，将高阶思维和复杂交往本身作为课堂教学方式，让每一个学生"创造着长大"。

（三）儿童认识具有多元性

认识即理解，理解具有多元性。每一个人基于自己的目的或意向，选择特定对象，运用自己的方法，获得自己独特的个人化理解，这就是人对世界的认识过程。个人化理解体现了多元实在论与多元认识论的统一。人心灵之外的"实在"或世界是多元的，永远处于关系网络之中和变化生成之中。哲学家梅洛-庞蒂（Maurice Merleau-Ponty）曾说，世界由"视角"（perspectives）所构成，视角不是人对世界的主观歪曲，而是世界本身的特性。世界的"视角性"就是世界的"可理解性"，这也是爱因斯坦的名言所揭示的：世界上最不可理解的事情是世界是可理解的（comprehensible）。世界的"可理解性"或"视角性"意味着人对世界的理解是永无止境的。可能除了人的尊严之外并不存在所谓绝对真理。与此同时，人对世界的理解是多元的、个性化的、关系中的、交往性的。每一个人既是独特的，又永远处于"认识共同体"中。儿童在游戏、活动和学习过程中不断建构着自己的个人化理解，同时在同伴交往、师生互动和社会交往中逐渐认识到人与人之间观点的差异性和联系性，学会移情理解、相互倾听，使自己的理智、情感和社会性日趋成熟。

心理学提供的经验证据充分证明：儿童对世界的认识是多元的。皮亚杰揭示出人理解世界的三种基本方式：动作表征、图像表征与符号表征。他的杰出贡献不在于在这三种方式上"斤斤计较"：谁比谁"更高级"或分别处于哪个年龄阶段，而在于揭示了人理解世界的多元方式和个性化特征。我们应当做的不是尽快把童年阶段"送走"或让儿童像成人那样，而是让儿童更像儿童，因为他们本身就是"伟大学习者"。（Papert, 1993）[155] 美国心理学家加德纳则在皮亚杰思想的基础上进一步明确提出了多元智力理论，他的主要贡献不在于列举或试图穷尽智力类型，而在于强调了让学生个性发展建立在多元认识方式之上，让每一个学生找到自己喜爱且擅长的学科，把学科变成探究方式和理解对象，促进学生智力和个性整体发展。

素养本位课程与教学改革需要充分尊重儿童认识的多元性。首先，将学生的"个人化理解"作为课程要培养的核心素养的有机构成与核心，只有生成每一个学生的"个人化理解"，每门课程的概念性理解（即"大观念"）才具有核心素养的内涵。其次，将多元表征方式或多元智力转化为对单元主题及大观念的多元"进入点"（entry points）和探究方式，可根据学生的不同认知风格自由选择动作、图像或符号"进入点"和探究方式，也可让学生选择故事、数字图表、逻辑推理、艺术表现、情感投入、动手操作、小组合作等"进入点"和探究方式。（Gardner, 2000）[188-189] 再次，充分尊重学生探究过程的个性化，鼓励核心素养的多元化表现，设计真实表现性任务，让学生在完成真实任务、进行真实实践的过程中表现其概念性理解与核心素养。

（四）儿童认识具有直接性

认识即体验，体验具有直接性。人只有进入世界、改变世界，才能认识世界。一切认识都是"通过寓居而认识"（knowing by indwelling）。无论多么试图"客观中立""超然物外"或"冷眼旁观"，对认识对象的参与都是不可避免的，否则就没有认识或不是"我的认识"。认识的直接性意味着人的观念或理解只能由认识主体自身亲自获得，不能通过传递而"间接"得到。"间接"得到的不是观念或理解，而是"信息"或"事实"。杜威曾说:"没有思想、没有观念可能从一个人传递给另一个人。当观念被告诉的时候,对被告诉的人而言,它已不再是观念,而只是另一个给定事实。"(Dewey,1980)[166] 就儿童的认识发展而言,儿童首先在一系列食衣住行、游戏、活动中获得了丰富多彩的第一手经验,这类经验与"如何做事"联系在一起,属于"能力之知"(knowing-how)。儿童在行动、活动、做事中一定会亲身接触与"如何做事"直接联系的事物,如幼儿在骑心爱的自行车、玩心爱的玩具时,一定会认识自行车、玩具,儿童对活动或行动的对象或事物产生一手经验、建立情感联系,这类经验属于"亲知"(acquaintance)。"能力之知"与"亲知"属于直接经验的范畴。伴随儿童语言能力的发展,儿童开始理解语词的意义,借助语言儿童可以通过阅读或告知的方式获得遥远之处或久远之前的别人的经验,这类经验对儿童而言未亲身经历,故称为"信息"(information)。随着儿童心智的成熟、理性的发展,儿童开始在事物之间建立逻辑联系,能够对事物做出判断:它来自哪里、引向哪里,这类以逻辑为中介所建立起来的经验,是人类的成熟经验、高级经验,这类经验被称为"科学"(science)。"信息"和"科学"对儿童而言属于间接经验的范畴。以书本知识为代表的间接经验,儿童由于未亲身经历,故难以理解,试图通过"告诉"或"传递"的方式让儿童掌握,儿童获得的只能是僵死的"惰性知识"。唯一的办法是将间接经验转化为儿童的直接经验,即转化为儿童的"能力之知"和"亲知",让儿童用操作、实验、使用、游戏等归纳的方法重新发现或创造这些知识,他们才可能理解知识,并在不同情境中迁移、应用知识。(Dewey,1979)

素养本位课程与教学建立在儿童认识直接性的原理之上。由于观念或理解具有直接性和不可传递性,教学必须植根于真实情境,让学生通过实践完成真实表现性任务,亲身经历知识的诞生和使用过程,获得可迁移的概念性理解,形成做事的能力和品格,掌握少而精的关键知识。超越具体情境、具有普遍迁移性的核心素养只能在真实情境中、通过真实实践而培养,素养本位教学在这里集中体现了辩证思维。这种教学大力倡导"归纳教学"与"归纳学习"。(Erickson et al.,2014)[99-101] 我国《义务教育课程方案(2022年版)》也根据儿童认识直接性原理确立了"变革育人方式,突出实践"的根本原则,强调"做中学""用中学""创中学",主张"引导学生参与学科探究活动,经历发现问题、解决问题、建构知识、运用知识的过程,体会学科思想方法"。这是对我国以班级授课制为载体、以讲授教学为主要方式的传统教学的根本超越。

我国长期以来盛行的"间接教学认识论"是阻碍当前素养本位课程改革的最大观念障碍。这种教学论认为教学认识的本质特性之一是"间接性",即以掌握"间接经验"(书本知识)为主;课程的本质是"现成知识";课堂教学的本质是通过教师的系统讲授传递书本知识;一切学习都是"接受性学习"。在这种教学中,偶尔有一点学生的"实践",也是服从于掌握学科知识的需要,是具有"作假"或"做戏"味道的虚假实践。它所崇尚的"现成知识",是人类认识的成果,是不以人的意志为转移的外部"客观真理"或学科事实。众所周知,自杜威、怀特海以来的教育哲学,维果茨基、皮亚杰以来的心理学,以及20世纪90年代以后诞生的学习科学,凡此种种的研究领域和学说,反复论证且用大量科学证据证实的结论是:观念或理解不能传递,学科事实不能迁移,靠讲授教学径直掌握的学科事实对核心素养和学生人格的发展非但无用,反而有害,因为这些事实是僵死的"惰性知识",学生掌握了这类知识以后反而阻碍他们从自身经验中去学习。因此,摒弃"间接教学认识论",走向"直接经验论"与"实践教学论",是我国素养本位课程改革的迫切需要,亦是构建我国信息时代课程与教学论的根本任务。

六、核心素养与学习进阶

与信息时代核心素养发展相适应的学习是深度学习。所谓深度学习,就是让学生置身真实情境、经历真实实践、解决复杂问题、完成表现性任务,由此生成可普遍迁移的概念性理解的学习。深度学习之"深"具有相对性,既相对于儿童不同发展阶段的年龄心理特征,又相对于不同儿童智力与个性的发展特点。深度学习集中体现概念性理解与核心素养发展的程度性：事实或信息的掌握是完成性、终结性的，但对概念的理解及核心素养的发展却是永无止境的，没有"最深"，只有"更深"。深度学习既与以"刺激—反应—强化"为特点的动物式学习相区别，又与以知识掌握和技能训练为目的的"掌握学习"、事实性学习根本不同。深度学习是理解性学习，主要学习内容是"少即多"（less is more）的核心概念或大观念，目的是发展概念性理解与核心素养，知识技能则是发展核心素养的手段、伴随物、副产品。事实性学习的对象则是"里宽寸深"（mile wide, inch deep）的知识技能，目的是考试成功，如此掌握的知识技能不能解决复杂问题，也不能广泛迁移，因此事实性学习是浅层学习。

深度学习具有程度性、累积性和发展性等特点，因此它内在要求学习进阶。心理学研究的结论是，一个人要形成核心素养，即用一个领域的学科大观念或思维方式解决真实情境中的复杂问题，不仅在学习方式上需要像专家一样去行动，而且需要花费10年时间。（Gardner, 2008）[3] 知识技能的掌握可以零散、孤立地进行，且在有限时间内就能达成目标。例如，花20分钟就可以背诵一首诗，花几天时间就能学会骑自行车。花更多时间重复背诵或训练，只是增加熟练程度，并不增加新内容。而概念性理解的形成与掌握知识技能迥异：它不仅需要学生经历真实实践，而且需要度过持久时间。因为理解或核心素养具有发展和累积特性，学科大观念的发展和学科实践的深化不仅贯串从幼儿园到高中整个基础教育阶段，而且可能会持续人的终身，对世界的理解永无止境。如何让学生的深度学习前后相继、持续发展？如何为不同年龄心理阶段的不同学生提供适宜发展的深度学习任务？学习进阶理念应运而生。

学习进阶亦称"学习轨迹"（learning trajectory）或"学习地图"（learning map），是进入21世纪以后伴随世界范围的"核心素养运动"的兴起而日益引起教育者广泛兴趣的概念。其最根本的理念是：学习是一个发展性进阶（learning as a developmental progression）。（National Research Council, 2012）[10] 核心素养是通过学习而获得的解决复杂问题的高级能力与人性能力。让学生获得信息时代个人和社会发展所需要的专家思维能力和复杂交往能力是学习追求的目标。这譬如登山，需要开路建阶方能登顶；又譬如渡河，理想目标在河对岸，我们需要"掷石头并摸石头过河"。（Achieve, 2015）这里的登山"阶梯"和过河"石头"就是学习进阶的通俗比喻。学习进阶是新近诞生的概念，尽管类似的思想和研究早已有之。学术界和实践界对学习进阶的内涵远未达成共识，但绝大多数定义均指向发展学生的核心素养，因而只有将之与核心素养或概念性理解的发展特点相联系，才能准确把握其内涵。目前影响广泛的学习进阶定义源自美国国家研究理事会："学习进阶是对一个观念日益复杂的思维方式的序列化描述，学生沿此序列逐个学习这些思维方式；它们以语词和范例来设计，意味着日益走向更加专业化的理解（expert understanding）。"（National Research Council, 2006）[3] 该定义将学习进阶界定为发展专家思维或核心素养的学习方式和路径的序列化设计，具有代表性，并被普遍接受。

归纳各种理解与定义，本书尝试将"学习进阶"界定如下：

> 学习进阶是基于经验证据，对学科大观念的思维方式和学习路径，按照由低级到高级的复杂程度所进行的序列化描述。它既描述学生对学科大观念的理解随时间推移的发展水平，又描述促进学生概念性理解所需要的教学和评价支持。它一般以一个年级或两个及以上年级构成的"学段"为"进阶"来描述，聚焦学生的核心素养表现。

学习进阶不是知识技能掌握的"循序渐进"或"小步子"原则，而是概念性理解不同发展程度或水平的描述；它尽管依然带有假设的性质，需要在实践中不断检验与发展，但它是基于经验证据的学习描述，这些证据或源自心理学、学习科学和学科教育专家的研究，或来自教师的实践经验；它是学生经验和概念性理解的发展水平、教学支持、评价支持的三位一体；它描述的主要内容是学生概念性理解或核心素养的行为表现，即"学习表现"（learning performances），旨在让学习可见、可触摸、可行动；它将学习视为一个整体来描述，既提供学习的"大图景"（a big picture），又设计清晰可辨的学习路径或轨迹；它既包括面向所有学生的共同学习进阶，又包括针对每一个学生的个性化学习进阶，二者相互联系，个性化学习进阶在实施过程中形成学生的学习档案；它是教师创造性实施国家或地方课程的基本依据和具体途径，不存在唯一正确或最好的学习进阶，任何学习进阶都需要在实践中加以改进和完善，教师是学生个性化学习进阶的研制主体。

学习进阶理念是素养本位课程改革的内在要求和国际趋势。从世界范围看，进入21世纪以后，世界主要发达国家和国际组织均基于学习进阶设计了素养本位的课程与教学。以美国为例，《下一代科学标准》（Next Generation Science Standards，2013）、《共同核心州标准》（Common Core State Standards，2010）以及其他学科的课程标准均依据学习进阶设计课程目标、内容与评价。许多学科教育专家、学习科学家、教育心理学家、教育评价专家等围绕课程标准对学习进阶进行了大量研究，积累了丰硕成果。教育实践界和教育决策界也联合起来，与理论研究者一道研制出许多学习进阶框架和持续性评价（ongoing assessment）、发展性评价（developmental assessment）、形成性评价（formative assessment）框架，形成了创造性实施国家和地方课程标准的实践体系。

我国《义务教育课程方案（2022年版）》明确提出"进阶性"要求："加强课程一体化设计。……体现学习目标的连续性和进阶性"；"建立有序进阶、可测可评的学业质量标准"。各学习领域课程标准以学段为划分进阶的标准，对核心素养和课程目标、课程内容及学业要求、学业质量标准与课程评价均基于学习进阶理念和原则而设计。"六三制"学校按照"2223"分段进行学习进阶设计，"五四制"学校按照"2322"分段进行设计。这样设计的目的是充分体现核心素养发展要求和儿童年龄心理阶段特征，让课程更好地适应学生发展需要，让学生的概念性理解及核心素养能够持续且螺旋式发展。

从课程思想史的角度看，学习进阶理念是对美国教育心理学家、教育改革家布鲁纳提出的"螺旋式课程"（the spiral curriculum）构想的科学验证与发展。布鲁纳认为学科内容的本质是学科"基本观念"（basic ideas），即"学科结构"，这些观念或结构应根据儿童的认知方式及其特征转化为儿童能够探究或发现的形态，尽可能早地呈现，这才是"理智的诚实"；随着儿童智力发展，提高学科观念的复杂程度、抽象程度并再次呈现，直到儿童真正掌握"基本观念"并用以解决复杂问题,由此实现学科结构和儿童智力双重"螺旋式发展",是谓"螺旋式课程"。布鲁纳还明确提出了进阶思想。他写道:"为掌控这些基本观念,有效使用它们,需要人们持续深化对它们的理解,而这源自学会以进阶式的、更加复杂的形式使用它们。"(Bruner,1977)[13] 在这里,学习进阶的思想呼之欲出。从这个意义上说,布鲁纳不但是"螺旋式课程之父",而且是"学习进阶之父"。

七、素养本位课程创生

《义务教育课程方案(2022年版)》指出:"学校依据省级义务教育课程实施办法,立足本校办学理念,分析资源条件,制订学校课程实施方案,注重整体规划,有效实施国家课程,规范开设地方课程,合理开发校本课程。"这些规定及其他相关规定,绝不意味着学校只是向上级教育行政部门提交一份形式化的学校课程实施方案并束之高阁,其根本追求是让每一个教师由"教书匠"转变为"课程创生者"。其深层意蕴是一种新课程观的诞生:课程不只是静态的官方正式课程,也不只是固定的学科知识和详尽的课程规划及目标体系,课程需要根据不同情境学生的发展特点与需求不断重新创生出来,课程由此成为一个动态过程、一种深刻思维和不断生成的鲜活体验。课程需要充分体现信息时代个人和社会发展的需要,鲜明追求"未来教育观"。课程植根核心素养并为了核心素养,是谓"素养本位课程创生"。其内涵至少包括如下三个方面。

第一,**教师即课程创生者**。素养本位课程与教学,首先需要将普遍的课程内容与学生的生活经验建立联系,由此形成对学生有意义的单元主题;进而围绕单元主题,依据课程标准和教科书,形成探究主题所需要的大观念并确立该单元课程目标;接着需要创设真实情境,让学生经历真实实践、完成真实表现性任务,由此发展概念性理解与核心素养。这个过程只能由教师来完成,教师只有成为课程创生者,课程核心素养的目标才可能达到。又因它将大观念贯串始终,因此素养本位教学又称大观念教学。它与传统讲授主义和传递性教学迥然不同。在大观念教学中，教师首先是课程创生者，然后是教学和评价过程中学生的合作探究者和指导者——像专家指导新手那样，带领学生在课堂上展开系列探究。教师以团队合作的方式共同创生出"大单元计划"和具体的"学习活动计划"，由此创生出"书面课程"（written curriculum）；以此为基础开展课堂教学，在教学过程中依据"书面课程"与学生一起进行合作探究，由此将"书面课程"转化为"教学课程"（taught curriculum），"书面课程"恰如音符，"教学课程"则是歌唱，二者相互影响；最后再将"教学课程"转化为"评价课程"（assessed curriculum），让评价如春雨润物般融入教学过程，服务学生学习，帮助学生进行反思性学习，这种评价就是"持续性评价"，对学生而言就是"反思性评价"（reflective assessment）。因此，教师的课程创生就是"书面课程""教学课程"与"评价课程"三位一体的动态创造过程。在这个过程中，教师和学生在合作创造课程中共同生长。一如著名课程专家派纳所言："课程不再是一个事物，也不仅是一个过程。它成为一个动词，一种行动，一种社会实践，一种私人的意义，一种公共的希望。课程不只是我们劳作的场所，也是我们劳作的成果，在转变我们的同时也转变自身。"（Pinar et al., 1995）[848]

第二，让课程创生植根于信息时代的新儿童观。素养本位课程与教学秉持"阶段性与个体化儿童价值论"，尊重儿童文化和儿童个性，将儿童的学习尊严视为教育的"首要善"。同时，它倡导"连续性儿童认识论"，让儿童像专家一样去思考和学习；它强调儿童认识的高级性，让儿童进行创造性学习；它主张儿童认识的多元性，让儿童进行多元性和整体性学习；它重视儿童认识的直接性，让儿童亲身经历知识和理解的诞生与运用过程。

第三，让课程创生建基于学习进阶。教师要秉持深度学习观，倡导"学习是一个发展性进阶"的观念，充分借鉴学习科学、心理学、学科教育、教育评价等领域专家对学习进阶的研究成果，将理论界的研究结论与自己的实践经验和研究结合起来并进行改变、转化，由此研制出面向全体学生的共同学习进阶；以共同学习进阶为基础和参照，充分研究每个学生的个性化需求和认知风格，与学生一起形成个性化学习进阶，并在教学过程中形成每一个学生的学习档案袋（learning portfolios）。研制学习进阶是教师将国家课程标准和教科书创生为学校课程的关键内容、核心内容，它使学校课程纵向一贯、横向整合，既关注全体学生需要，又尊重学生个性化发展需求，既形成宏观学习"大视野"，又描绘微观学习"路线图"。由此构建素养本位的学习体系，让每一个学生走向深度学习。

　　教师在持续课程创生中成长为"观念型教师""专家型教师"，用自己的思想催生学生的思想，用自己的激情"引燃"学生的激情，用自己的行动引领学生的行动，共同成为信息时代负责任的创造者。这是我们对义务教育课程改革孜孜以求的境界。

第四章
"新三维目标":
课程核心素养的教学意义

构建符合信息时代个人和社会发展需要的新的基础教育课程体系,是我国当前课程改革的根本任务。为此,我国系统确立起核心素养课程理念和目标体系。"核心素养"一词宛如一颗熠熠闪光的明珠,成为本次课程改革[①]的亮点与标志。继普通高中课程改革提出"学科核心素养"之后,义务教育课程改革提出了"课程核心素养"。探索课程核心素养的内涵、特征,揭示其教学意义,对深化义务教育课程改革具有重大理论与实践意义。

---

① "本次课程改革"是指2022年义务教育课程改革与2017年普通高中课程改革,二者均指向学生核心素养发展,亦称"素养本位课程改革"。

一、课程核心素养的内涵及主要特征

当前义务教育课程改革旨在构建适应信息时代儿童发展的特点与需求，体现知识社会政治、经济与文化的变化趋势，具有中国特色、世界水平的高质量义务教育课程体系。为了体现义务教育阶段学生发展的长跨度、进阶性、综合性等特点，为了反映义务教育课程与普通高中课程的联系与区别，为了遵循"学科是从生活中逐步分化的"这一原理，本次课程改革富有原创性地提出了"课程核心素养"这一概念。对其内涵可界定如下：

> 课程核心素养是适应信息时代个人和社会发展需要，学生修习一门学校课程后所形成的正确价值观、必备品格和关键能力。它是学生在真实情境中解决复杂问题的高级能力与人性能力。

将"三维目标"整合起来并回到每一个学生置身其中的真实情境里，让学生运用学科观念或学科思维解决复杂问题，由此形成的高级能力和人性能力，就是今日倡导的课程核心素养。它是"三维目标"的继承与发展，既消除了"三维目标"的割裂化倾向，又将知识与技能、过程与方法、情感态度与价值观各自的内涵进行了"时代提升"——使之适应信息时代个人和社会发展的需要。

我国2022年版16个学习领域的课程标准分别提出了课程核心素养，见表4-1。

表 4-1　义务教育课程核心素养[①]

领域名称	课程核心素养
语文	1. 文化自信；　2. 语言运用；　3. 思维能力；　4. 审美创造
数学	1. 会用数学的眼光观察现实世界；　2. 会用数学的思维思考现实世界；　3. 会用数学的语言表达现实世界
科学	1. 科学观念；　2. 科学思维；　3. 探究实践；　4. 态度责任
物理	1. 物理观念；　2. 科学思维；　3. 科学探究；　4. 科学态度与责任
化学	1. 化学观念；　2. 科学思维；　3. 科学探究与实践；　4. 科学态度与责任
生物	1. 生命观念；　2. 科学思维；　3. 探究实践；　4. 态度责任
道德与法治	1. 政治认同；　2. 道德修养；　3. 法治观念；　4. 健全人格；　5. 责任意识
历史	1. 唯物史观；　2. 时空观念；　3. 史料实证；　4. 历史解释；　5. 家国情怀
地理	1. 人地协调观；　2. 综合思维；　3. 区域认知；　4. 地理实践力
信息科技	1. 信息意识；　2. 计算思维；　3. 数字化学习与创新；　4. 信息社会责任
劳动	1. 劳动观念；　2. 劳动能力；　3. 劳动习惯与品质；　4. 劳动精神
体育与健康	1. 运动能力；　2. 健康行为；　3. 体育品德
艺术	1. 审美感知；　2. 艺术表现；　3. 创意实践；　4. 文化理解
英语	1. 语言能力；　2. 文化意识；　3. 思维品质；　4. 学习能力
日语	1. 语言能力；　2. 文化意识；　3. 思维品质；　4. 学习能力
俄语	1. 语言能力；　2. 文化意识；　3. 思维品质；　4. 学习能力

课程核心素养具有下列主要特征。

（一）时代性

核心素养是伴随信息时代或数字化时代的到来而诞生并普遍使用的概念，其诞生的标志是 OECD 于 2003 年正式颁布的《为了成功人生和健全社会的核心素养》报告，欧盟 2006 年批准实施的《为了终身学习的核心素养：欧洲参考框架》，以及美国教育部连同苹果、微软等公司联合发起的"21 世纪技能运动"。（张华，2016）因此，核心素养的内涵无法在现有的词典中找到，只能根据信息时代和知识社会对"受过教育的人"的新要求、

[①] 整理自中华人民共和国教育部制定的 2022 年版义务教育各学科课程标准。

新期待去建构。无论是认知领域的批判性思维和创造性思维，还是非认知领域的个人素养和人际素养，均是"新能力""新基础"，均是信息时代对人的培养目标。它不否认适应农耕文明和工业文明的基础知识和基本技能，但在教育价值观、知识观和方法论上均超越了它们。核心素养既不等同于"双基"，也不是对"双基"的补充，更不是与"双基"无关。它既通过正确价值观、必备品格和关键能力超越了传统"双基"，又通过新的价值观、知识观和方法论对传统"双基"进行了改造，使之发生了脱胎换骨的变化，成为"活知识"和"活技能"、"新能力"和"新道德"。

（二）基础性

课程核心素养立足于儿童的心理经验。合抱之木，生于毫末。儿童的心理经验恰如生机盎然的幼苗，尽管范围有限、能力尚弱、变化迅速，但拥有无限潜能。课程核心素养的培养必须从儿童当下的心理经验出发，洞悉儿童经验的发展趋势和路径，将学科知识转化为儿童的心理经验并促进其发展。用杜威的话说，我们需要参照学科知识发现儿童当前经验的课程意义，并将学科知识转化为儿童经验发展的环境与资源。这就是以结果为依据发现"起点"的意义，以"成熟"为依据发现"原始"的意义。（Dewey，1972）[174]课程核心素养属于学生心理经验的范畴，体现了学生心理经验与学科知识的连接、互动，指出了儿童心理经验的发展方向。尊重儿童心理经验的基础地位，是课程核心素养的显著特点。正如王湛所言，义务教育阶段特别是低幼年级段，各门课程都承担着培养学生基础性综合素质，如学会生活、学会学习、学会合作的任务，用课程核心素养来概括比学科核心素养更贴切、全面。①

（三）综合性

课程核心素养植根于儿童的社会生活。儿童的社会生活具有流动性、

---

① 引自教育部基础教育教学指导委员会主任王湛于 2020 年 8 月做的报告《坚持核心素养为纲，修订高质量的义务教育课程标准》。

变化性和整体性。儿童的社会生活是建立在先天社会本能的基础上，以交往和活动为媒介所形成的同伴互动、亲子互动、儿童与成人互动以及衣食住行等日常活动。这些看似平常的社会生活却是儿童经验生长、能力和情感发展的环境与条件。社会生活也构成儿童经验的对象、儿童探究与体验的内容。一切学术性学科只有与社会生活建立内在联系且变成社会过程，才能为儿童所理解，成为儿童发展的资源。在义务教育阶段，社会生活本身也构成儿童课程的重要组成部分，这既包括学校课程中的隐性课程、非正式课程，也包括劳动教育和综合实践活动两门正式课程。杜威曾说："我相信学校学科关联的真正中心不是科学，不是文学，不是历史，不是地理，而是儿童自己的社会活动。"（Dewey，1972）[89] 也正如王湛所说："义务教育课程和高中课程相比，更具有综合性和形态多样性。有些综合课程并非单一学科，如艺术、科学、体育与健康，还有非传统学科课程，如劳动、综合实践活动，这些课程都有自己的育人价值和育人目标，用'学科核心素养'来表述概括不贴切、不适合，难以包容，而'课程核心素养'则完全可以包容涵盖。这样，每门课程都有自己的核心素养……"①

（四）过程性

尽管课程核心素养是以达成的课程目标或学习结果的形态呈现的，但它本质上具有过程性。首先，它体现过程知识观。它不把知识当作固定事实，而将其视为事物之间的关系、解决问题的工具和不断变化的过程。怀特海曾说："实际世界是一个过程。"（Whitehead，1978）杜威曾说，知识不是不可移动的固体，而是流动的液体。（Dewey，2008）[17] 布鲁纳说，认识是过程，而非结果，倘把学科知识当作固定事实来教给学生，就会制造"活的图书馆""移动的书架"。（Bruner，1966）[72] 只有真正确立起知识的过程性，才有可能发展学生的核心素养。其次，课程核心素养蕴含着实践过程——学科实践与生活实践。核心素养本身蕴含着探究过程。例如，跨学科核心素养

---

① 引自教育部基础教育教学指导委员会主任王湛于 2020 年 8 月做的报告《坚持核心素养为纲，修订高质量的义务教育课程标准》。

4C's——交往、协作、创造力、批判性思维——本身蕴含着动词，它们是结果，更是过程。再比如，"问题解决"是一个重要的跨学科核心素养，但它也是学科实践与生活实践过程，还是学生学习与教师教学过程。即便不含动词的核心素养，如"数字公民素养""家国情怀"等，也具有过程性。

（五）程度性

课程核心素养作为认知与非认知的高级能力和人性能力，没有最好，只有更好，体现程度性。倘把"知识"当作固定事实、把"技能"当作固定规范，例如，"秦始皇统一中国的意义"、"唐朝经济的特点"、各类做题技能和写字技能等，这类知识技能一经掌握，即告终止。它们不能广泛迁移，不能在新情境中运用，具有终结性。只有在散在各处、无边无际的学科事实之间建立联系，将知识技能提升为"少而重要"（few and important，怀特海语）的观念，才能恢复知识技能的理解本性、探究本性。把一首诗背下来，就结束了。倘若引导学生像王国维那样理解诗词，"词以境界为最上。有境界则自成高格，自有名句"（见王国维《人间词话》），让学生体会诗词的境界和人的境界，学生对"境界"这一观念的理解就有了程度性，永无止境。让学生运用境界观念去评论诗、写诗，才是真正在学诗。学习一首诗的最好方式是作一首诗，这就是核心素养的培养过程。

（六）表现性

课程核心素养符合心灵原则，但具有表现性。"表现"（performance）符合"行为原则"（principle of behavior），有某种表现，未必有相应核心素养。行为主义心理学的最大问题是把表现与素养混为一谈。但是，倘若只把核心素养归结为心灵内部的事物或事件，依然陷入身心二元论，走向神秘主义。既尊重核心素养的心灵属性，又承认核心素养可以在恰当条件下表现出来，让学生在表现素养中发展素养，是素养本位教学的题中应有之义。美国心理学家、哈佛大学"零点项目"（Project Zero）负责人之一珀金斯（David Perkins）曾说："当我们理解某物，我们不只是拥有关于它的特定信息，我们还能够用该知识做事。我们所能做的事情，我们操作和表现理解的事情，被称为'理解性表现'。"（Perkins，1992）[77] 珀金斯、加德纳等人所倡导的"理解"或"理解力"，相当于我们所说的"素养"。当我们理解并应用课程核心素养的时候，始终需要考虑：核心素养有哪些"素养表现"，这些表现如何由低级到高级、由简单到复杂持续发展。倘若一种核心素养不能转化为学生的行为表现，它必然陷入空洞、沦为标签。只有关注了"素养表现"，才能设计素养本位的教学与学习，也才能确定学业质量标准。学业质量标准本质上是对"素养表现"进行评价的标准。

在课程核心素养的这些特性中，时代性、过程性、程度性、表现性是所有核心素养的共同特性，在义务教育阶段体现出阶段特征；基础性与综合性则鲜明地表征了义务教育阶段儿童核心素养发展的独特性。深入理解这些特征，有助于把握课程核心素养的内涵，更好地实施素养本位的课程与教学。

二、课程核心素养与学科核心素养之关系

2014年年底启动的"深化基础教育课程改革"始于普通高中阶段。处于青年初期的高中生逻辑思维能力、语言能力、实践能力、交往能力诸方面显著提高，不同高中生之间的学术倾向和态度、学术兴趣、生涯取向、个性特长等诸方面日益分化，高中教育在保障基础教育内在价值（培养合格高中生）的同时，既需要增加"大学知识"，以为学生成功的大学生活做好准备，又需要增加"社会知识"和"自我知识"，以为学生成功的职业世界做好准备。（张华，2013）基于高中生的认知和非认知的发展特点，以及高中教育的性质和价值定位，在高中课程修订过程中，我国创造性地提出了"学科核心素养"。（张华，2019）但在高中阶段，"学科核心素养"不是全部，因为高中生也需要生活实践和生活素养，需要综合实践活动、劳动等国家课程和以社团、俱乐部等形式开设的非学科类校本课程。

针对小学生和初中生的发展特点，以及义务教育作为普及教育的性质和价值定位，在2022年版义务教育课程标准修订过程中，曾提出"课程核心素养"。如王湛所言，在义务教育阶段用"课程核心素养"来概括表述课程的育人价值更加贴切、更加适当、更具有包容性。

首先，从"学科核心素养"到"课程核心素养"，体现了学科逻辑从生活逻辑逐步分化的课程原理。一方面，生活乃学科之母。一切学科在发生学上均源自生活。生活是学科永恒的意义源泉。另一方面，学科从生活中分化出来以后，又反哺生活、转化生活、创造新生活。生活让学科富有意义，学科使生活具有力量。离开生活，学科会成为无源之水、无本之木，最终干燥枯萎；脱离学科，生活会单调重复、失去创造力，最终退化为野蛮状态。德国哲学家胡塞尔（E. Husserl）因此说，生活世界与科学世界是历史的统一。（Husserl, 1970）[383] 学校学科倘若脱离生活，必然彼此孤立，学生的学科学习也必然沦为浅尝辄止的机械训练。走向核心素养的学校学科，某种意义上是回归生活世界的学校学科。怀特海在谈到如何培养学生的"学科智能"（disciplined mind，即学科素养）时，非但没有强调对学科的直接教学、直接学习，反而旗帜鲜明地说："教育只有一门学科，那就是完整表现的生活。"（Whitehead, 1929）[6-7] 那学科课程怎么办？怀特海说，生活本身具有"专业性"（specialism），正是生活的"专业性"蕴含、分化出"学科观念"。

杜威与怀特海"英雄所见略同"。他在《我的教育信条》（My Pedagogic Creed）中明确写道："我相信学校课程中的学科应当保留从原始的、无意识的社会生活的统一体中逐步分化（differentiation）的印记。"（Dewey, 2008）[89] 怎么做？杜威在《课程理论》（Theory of Course of Study）一文中给出了明确的提示：在低年级或童年阶段，学校课程宜以"社会活动和经验"的形态组织起来，如园艺、烹饪、缝纫和纺织，用纸、皮革、木材、金属等进行的建造活动，照料动物、远足、歌唱、讲故事、戏剧、画画、设计、游戏，等等。这些活动不仅本身具有社会价值，而且蕴含学科因素。这是第一类学校课程。随着儿童年龄增长、年级升高，从"社会活动和经验"中分化出第二类学校课程。首先是历史和地理。历史提供人类活动的时间背景，地理提供自然背景。结合人类活动的时空背景，以及社会实践活动的需要，又分化出解剖学和生理学（源自疾病、事故、健康需要）、植物学（源自农业和药物治疗）、物理学（源自机械装置）、化学（源自冶炼、染色等）、几何（源自丈量土地、建筑等）。第三类学校课程则由理智技能和抽象的理智方法所构成，主要是数学和书面语言。它们代表知识的完善，没有理智方法、工具和技能，人类可能无法从野蛮状态中走出来。即便是抽象的数学和书面语言，也具有社会性。第四类学校课程则由文学和艺术构成，它们代表"完美目标"——审美素养。（Dewey，2008）[400-403] 杜威独特的学校课程分类，完美地体现了学科课程从活动课程逐渐分化的思想。

在今天的信息时代，世界上许多国家为了培养学生的"核心素养"或"21世纪素养"，在小学阶段大力倡导超学科学习（取消学科边界，让学科融入生活主题），初中和高中则倡导跨学科学习（不同学科融合起来形成新学科，如STEM）和多学科学习（保留学科边界，在主题上建立联系）。这些探索呼应了杜威、怀特海等哲学家对学校课程的探索和实验。（张华，2018）

我国义务教育乃至整个基础教育，要真正走出分科主义的应试教育课程体系，必须要在课程结构和组织形式上做出大胆创新。理解好课程核心素养理念，在小学阶段尽量让学科融入生活，初中以上让生活融入学科，真正实现学科逻辑与生活逻辑的颉颃发展，这是我国课程改革迫在眉睫的重大课题。

其次，从"课程核心素养"到"学科核心素养"还体现了儿童心理经验和儿童认识的发展特点。儿童认识首先从做事开始。儿童的第一种心理经验或知识即"做事的经验"，可称为"能力之知"（knowing-how）或"技能"。在吃饭、游戏、交往等做事的活动中，儿童熟悉所接触的事物，亲身获得自己周围世界的知识，这就形成儿童的第二种心理经验即"亲知"（acquaintance）。这两类知识即构成儿童的直接经验。伴随儿童发展，儿童开始理解语言，借助他人的语言，儿童的视野开始迅速扩大，儿童开始接受并理解信息，这构成儿童的第三种心理经验。随着儿童思维的发展，儿童开始学会逻辑思维,能够以逻辑为中介推论出知识和理解,这便是儿童的第四种心理经验——科学。"信息"与"科学"构成儿童的间接经验,前者以他人为中介,后者以逻辑为中介。所以,儿童的认识发展是由直接经验到间接经验,由归纳思维到演绎思维。(Dewey,2008)[265-269] 我们在义务教育阶段倡导课程核心素养,主要意图之一是充分体现儿童认识发展的规律与特点。杜威在100多年前就指出,用演绎法将成熟的逻辑形态的知识作为起点,直接向儿童讲授,让儿童直接学习定义、分类和规律解释,这种做法本末倒置,这些知识对儿童不仅是无意义的,而且在教育上是有害的。课程核心素养的教学意义是使教学以儿童的直接经验和归纳法为起点,让儿童在主动实验和操作中理解、应用学科知识,逐步发展出以科学为代表的逻辑思维能力。(张华,2020)

最后,义务教育阶段倡导课程核心素养,不能因此而忽视小学生和初中生学科思维能力的发展。恰恰相反,之所以倡导课程核心素养,其主要目的之一是让儿童的学科思维发展能够建立在丰富的生活经验之上,使之更富有意义,更具有内在动机和兴趣。忽视儿童的心理经验和生活经验是错误的,忽视学科知识对儿童发展的意义同样是错误的。儿童当下的心理经验不是终点,更不是理想,而是进一步发展的指引和征兆,学科知识是理解儿童当下心理经验的价值并促进其持续发展的最重要的资源和条件。另外,高中阶段倡导学科核心素养也不意味着忽视学生的生活经验和心理经验,恰恰相反,它是根据高中生的发展特点和需要,让生活融入学科并变成学科探究和实践的真实情境,这是以适合高中生的方式尊重课程的生活逻辑。

三、课程核心素养的教学意义:"新三维目标"

我国2001年课程改革确立了包含知识与技能、过程与方法、情感态度与价值观的"三维目标",这对超越传统"双基"目标、重建课程与教学具有里程碑式意义。从20多年的课程改革实践看,"三维目标"观为我国素质教育实践做出了重要贡献，在此观念影响下，教育理论和实践者们创造了一大批先进课程改革经验。然而不容否认的是，"三维目标"在实践中既存在彼此机械割裂的现象，又存在形式化、标签化现象。许多地方和学校以"三维目标"之名行传统"双基"之实，导致形形色色的虚假探究、虚假对话、虚假合作，影响了教育改革的深化与发展。

"三维目标"的主要问题是知识与技能的静态化、过程与方法的形式化、情感态度与价值观的灌输化。导致这些问题的现实根源是应试教育的观念和体制，哲学根源是事实本位认识论。当"知识"被设置为静态事实、"技能"被当成固定规范，无论"过程与方法"如何花样翻新，其实质都是传递与训练，"自主、合作、探究"也就变成了"作假"和"做戏"，"情感态度与价值观"则沦为自外而内的灌输、规训与"洗脑"。凡此种种的观念与实践，又反过来助长了应试教育的日益强化。

从"三维目标"到核心素养是我国当前课程改革的主旋律。这意味着既要根本改变应试教育价值观，又要彻底超越事实本位认识论，还要改变讲授主义方法论。核心素养不仅仅是课程目标，而且表征信息时代的教育价值观与课程理念。

首先，核心素养表征21世纪新型教育民主与人文主义教育价值观。这是建立在信息技术和数字交往基础上的教育民主，个人与个人、个人与群体、个人与文化、群体与群体、文化与文化之间的共享利益充分增加、互动更为自由，共同体的组织与生活成为每一个人的内在需要，教育成为以数字交往为媒介的"协作式实验"。同时，对人的尊严和个性差异的充分尊重成为教育的"首要善"。用联合国教科文组织的话说："维护和增强个人在其他人和自然面前的尊严、能力和福祉，应是21世纪教育的根本宗旨。"（联合国教科文组织，2017）[28]

其次，核心素养表征理解本位教育认识论。核心素养是在真实情境中解决复杂问题的能力与品德，由于问题情境是不确定的，用于解决问题的知识也必须是不确定、可应用的。知识的本质不再是确定无疑的"客观真理"，而是指导理智行动的有力观念。这样，知识就变成了"理解"（understanding）。杜威曾说，理解是"理智行动的源泉"，"理解必须依据事物如何运作和如何做事而界定。理解，就其本性而言，与行动相联系；信息，就其本性而言，与行动相分离或仅仅偶然零散地与行动相关联"。（Dewey，2008）[183-184]只有当知识变成"动词"，表征"事物如何运作"与"人如何做事"，它才指向核心素养。

最后，核心素养表征实践取向教育方法论。信息可以传播，但理解无法传递，每一个人必须像"亲自吃饭"一样亲身经历实践过程，方能获得相应的理解。因此，理解本位认识论必然要求实践取向方法论。创设真实情境，让学生从事真实实践，亲身经历知识的诞生与使用过程，是发展核心素养的方法论原则。"真实情境"主要包括两类：一类是学生置身其中的真实生活情境；一类是与学生的心理经验和发展水平相适应的、类似学科专家工作环境的"准专业情境"。通过真实生活情境，学生可以"做中学"和"用中学"，真切体验知识的意义；通过"准专业情境"，学生可以"创中学"，学会像专家一样去思考，用"再发明"知识的方式去学习知识，以进行深度学习，获得深刻理解。

由此观之，将"三维目标"融合起来，植根真实情境、经历真实实践、解决复杂问题的高级能力与人性能力，即为核心素养。具有确定性和事实性的知识与技能本身不能普遍迁移，因其适用范围局限在特定时空条件和文化场域之中。能够解决复杂问题、应对不可预测情境的只能是强而有力的学科观念、理解或思维，它不仅是现有知识与技能产生的原因，而且还通过解决新问题、应对新情境而不断创造新的学科事实。因此，核心素养与"三维目标"的根本区别是增加了课程目标的理解维度，并由此实现了课程目标的整体变革：由静态化的"三维目标"发展为动态性的"新三维目标"——大观念、新能力、新知识。

所谓大观念，即一门课程中少而重要、强而有力、可普遍迁移的"概念性理解"。它一般由两部分构成：一是形成一门课程逻辑体系的核心概念；二是由核心概念之间的关系所形成的命题、原理或理论。（Erickson et al.，2014）[24-27]大观念是分析问题的视角、解决问题的假设和连接事实的纽带。对大观念的理解既是程度性的，又是个性化的，它因而是人探究创造行动的指南，是创造性人格的"精神肌肉"。每一门课程的"正确价值观念"是"最大的观念"。除此之外，不同单元主题和学习活动中蕴含着与主题和活动相适切的大观念。善于根据不同主题提取核心概念并形成大观念，是核心素养时代教师创生课程的关键专业素养。

所谓新能力，即将一门课程的大观念及相应知识技能用于真实情境、完成真实任务、开展真实实践的做事的能力与品格。学生在表现核心素养中发展核心素养。因核心素养符合心灵原则，本身无法被看到，而只有当核心素养在真实情境中得到表达、表现或外化的时候，才能获得有效发展。这是近年来心理学和学习科学反复证实的结论。（Sawyer，2014）[9-10]对核心素养的发展而言，一两的真实实践胜过一吨的记忆训练，做一件事胜过做百道题。学会创造真实情境并设计真实表现性任务是核心素养时代对广大教师的又一挑战。这主要包括两类情境和两类表现性任务：一是创造准专业情境，设计发明知识的各类表现性任务，让学生在学习知识时模拟学科专家创造知识的过程，通过"再发明"知识而学习知识；二是创造生活情境，设计应用知识的各类表现性任务，让学生通过应用知识而学习知识。各学科课程标准规定的关键能力和必备品格属于最上位、最抽象的新能力。广大教师在教学过程中需要根据单元主题的内容特点，将这些关键能力和必备品格具体化，使之成为发明或应用与单元主题相应的大观念的真实表现，设计具体的表现性任务及相应的评价量规。

所谓新知识，即与大观念建立内在联系并得到应用的关键学科事实或知识技能。学科事实既能为大观念是否合理提供客观依据，又能展现大观念的创造力量。脱离事实的大观念必然空洞，流于虚妄。大观念为学科事实赋予生命力量、指引发展方向。脱离大观念的学科事实必成"惰性知识"，沦为心灵的僵尸或朽木。（Whitehead，1929）[1-2]因此，核心素养非但不忽视知识技能，而且对知识技能的掌握提出了更高要求。它要求对知识技能本身进行"概念重建"——重建其性质、价值与作用。首先，知识技能因与大观念建立内在联系而摆脱惰性和僵化，变得鲜活而生机勃勃。其次，知识技能因得到使用而"增值"，它们不仅是被探究的对象，而且是解决现实问题的工具。最后，知识技能本身不是目的，它们是学生理解大观念的手段，学生不断产生和完善的概念性理解才是目的，知识技能的掌握是"副产品"或"伴随物"。因此，在核心素养时代，教师需要根据大观念或概念性理解的要求，重新选择、整合并优化知识技能，让知识技能保持鲜活。

大观念、新能力、新知识是一个有机整体：大观念表征理智精神与原则，新能力表征理智行动，新知识提供事实基础，三者缺一不可。康德曾说过：概念无经验则空，经验无概念则盲，概念与经验的结合即理解或知性的发生。(Kant, 1996)[106-107] 康德因成功实现概念与经验的融合而引发认识论的"哥白尼式革命"。核心素养理念因引入课程目标和内容的大观念或概念性理解维度，由此实现大观念、知识技能与实践行动的融合，这必然引起教育认识论的"革命"。我国课程改革正在进入认识论时代：它将在2001年课程改革以"为了每一个学生的发展"为主题的价值论变革的基础上，进一步走向以"为了每一个学生理解力发展"为主题的认识论变革。

教师如何依据"新三维目标"创生课程并设计教学？这包括不可或缺的下列要素。

第一，提出生成性主题。将普遍的课程内容与学生的具体生活情境相结合，形成对学生有意义的开放性、生成性探究主题。主题充分体现学科知识、学生经验与生活情境的"三位一体"。主题确定遵循"少而重要"的原则，选择一门课程中最典型、最有代表性且学生感兴趣的内容，凝练成主题，构成一个单元的名称。教师须根据课程标准的要求对教科书内容做出恰当的选择、整合与补充，以使单元主题更能体现学生的发展兴趣和需要。主题内容要体现深刻性与进阶性，每个主题的探究要持续足够长的时间，如加德纳所言，"如果它值得学习，它就值得深入学习，经历足够长的时段，运用各种范例和分析方式"。(Gardner, 2008)[32-33] 同时，不同单元之间要纵向一贯，体现发展性和螺旋式上升。素养本位课程本质上是"螺旋式课程"。主题内容还要体现丰富性与整合性，使学科内容与真实的社会问题、自然问题和人生问题建立内在联系，使学科知识得到应用。与此同时，让学生学会把一门学科视为理解世界的"概念视角"，学会用不同学科视角认识同一个真实问题，在学科之间建立联系，发展跨学科理解问题的能力。

第二，确立"新三维目标"。单元主题确定以后，教师首先要围绕主题内容提取核心概念。"概念"是以学科专家为主体所提出的理解世界的专业视角。它们是"学科思维"或"专家思维"的集中体现。康德曾说，思维即通过概念而认识。（Kant，1992）[589] 无概念则无思维、无理解。"学科思维"即运用学科概念认识世界。学科理解之所以不同于日常经验，正是由于学科概念所提供的独特视角。因此，提取核心概念并一以贯之运用概念视角，是培养核心素养的关键，也是对教师的最大挑战。概念作为思维的一种独立创造，它不能在日常感知经验中归纳得到，不能通过概括事物的共同特点而获取，只能围绕主题内容明确而独立地提出。概念具有抽象性、普遍性、可迁移性，以词或短语的形式呈现，如形式、变化、力、美感等。在不同概念之间建立联系，就形成可迁移的理解，由此形成大观念，如"事物的形式是变化的""力量能够产生美感"。将核心概念和大观念运用于真实情境，由此形成做事的能力与品格，即构成新能力。与大观念和新能力形成有机联系的学科事实或知识技能即构成新知识。

第三，设计表现性任务。核心素养理念既纠正了传统行为主义者将"素养"与"表现"混为一体的错误，又避免了某些认知主义者将"素养"局限在头脑"黑箱"中的神秘主义倾向。首先，它借鉴当代"构成主义"的洞见：只有将头脑中的观念表现外化为"公共实体"时，才能促进观念发展。（Papert，1991）[1-14] 只有通过设计表现性任务，让学生能够在真实情境中表现其概念性理解时，才能促进核心素养发展。"表现性评价"也因此成为评价核心素养的基本方式和主要方式。其次，它借鉴当代"设计思维"（design thinking）的研究洞见——"以终为始"：在行动开始之前借助信息技术等工具对行动结果在头脑中进行"沙盘推演"式创造，然后以心灵中的结果为参照在具体行动中真正创造出所期待的产品，这两个过程可大致概括为"以终为始脑中想，以行为知动手创"，俗称"二次创造"。这在课程与教学中的表现是目标即评价。确定课程目标之后，接着设计与目标相适应的评价证据。美国教育家威金斯和麦克泰将这种教学设计概括为"逆向设计"（backward design）——先设计评价证据，再计划学习活动。（Wiggins et al.，2005）[13-34] 这种取向被认为是指向核心素养与深度学习的教学设计可供选择的思路之一。

教师确定"新三维目标"之后,需要将单元主题内容与课程目标要求结合起来,回到真实情境,让学生选择某种角色、面对某类受众、基于成功标准完成某件作品,以展示其核心素养的发展水平。这就是评价学生核心素养或概念性理解的表现性任务。该任务是学生完成一个或几个单元主题之后的累积性任务,表征学生核心素养的单元或阶段发展水平。例如,当学生学习完《血管》单元之后,为了评价学生对"动脉和静脉的结构与其功能相适应"这一大观念的理解水平,可以设计这样的表现性任务:"你是一名心血管医生,请你和你的小组同伴综合运用本单元所学知识、技能为高血压病人设计一款人造动脉,以促进高血压病人健康生活。"表现性任务设计完之后,可根据"新三维目标"的要求,为判断任务的完成情况制定评价标准或量规,以对学生在单元或阶段学习结束后进行表现性评价。与此同时,辅以更加开放的标准化评价,以检测学生对新知识或学科事实的掌握状况。

第四,设计系列探究活动。核心素养通过由浅入深、范围逐步扩大的探究活动生成。从"新三维目标"引出本质性问题(essential questions)和探究线索。以表现性任务为参照确立核心素养发展的具体表现和具体评价量规。两方面结合起来,形成持续数周、螺旋上升的系列探究活动。每一个探究活动具有整体性,需要将单元的大观念细化为探究活动的大观念,并规划理解大观念的具体行为表现。不同探究活动之间、不同单元之间是累积性、生长性关系,而非整体与部分之关系。通过一个个探究活动、一个个探究单元、一门门课程的累积与生长,各门课程核心素养不仅自身在生长,而且彼此间相互促进、相互融合、相得益彰,共同长成每一个学生的健全人格——负责任的创造者。

第五,建立学习共同体组织。核心素养理念要求学习组织创新。要将传统班级授课制转变为学习共同体。核心素养包括相互联系的认知领域与非认知领域两大类,它要求将学习变成协作式问题解决,因此建立学习共同体就成为培养核心素养的前提和必要条件。这要求遵循"组内异质、组间均衡、灵活编组"的原则,形成小组学习共同体,由不同小组共同组成班级学习共同体,由不同班级构成学校学习共同体。班级文化和学校文化的本质即共同体的组织与生活。

第六，创造新学习环境。核心素养理念要求学习环境创新。首先，时间上由固定课时制转变为弹性课时制。探究需要时间，为了让学生从容不迫地完成探究活动，需要根据活动目标和内容的要求安排时间，打破"垒砖块"似的课时安排。为了保证课程学习时间的均衡，可根据课程方案的要求，在各门课程时间总量上保持均衡，时间的具体使用则弹性安排。鼓励学校组织丰富多彩的跨学科学习活动，以更加经济高效地使用学习时间。其次，空间上突破教室固定空间限制，让世界成为课堂。要改变教室的物质和精神环境，使之更适合学生探究活动的开展，让教室成为学生思想的实验室。要充分利用学校的图书馆、阅览室、实验室、功能教室等，开展探究活动。要挖掘各类社区环境资源，如博物馆和纪念馆等场馆设施、科研机构和高等院校、企业研发部门以及各类自然资源等，为学生的探究活动创造更丰富的条件。最后，要为学生的探究活动创造丰富多彩的工具条件。人是使用和制造工具的存在，探究需要工具支持。要根据课程方案和课程标准的要求，配备标准化实验探究工具、图书和其他课程资源；要善于选择、开发和利用各类思维工具，如组织图、概念图等；要善于运用信息技术工具和互联网工具，为学生的探究活动创造符合信息时代要求的先进条件。

生成性主题、"新三维目标"、表现性任务、系列探究活动、学习共同体组织、新学习环境构成指向课程核心素养的新课程与新教学的关键要素。

根本超越"讲授主义"视域中的"双基课堂""高效课堂"与"独白课堂"，走向核心素养导向的"理解课堂""创造课堂"与"对话课堂"，让亿万中小学生从农耕文明和工业文明初期的"做题人"，转化为信息时代的"做事人"和创造者，是课程核心素养孜孜以求的教学愿景。

第五章

大观念课程与教学：
追求概念性理解和核心素养的发展

——

《义务教育课程方案（2022年版）》指出："基于核心素养培养要求，明确课程内容选什么、选多少，注重与学生经验、社会生活的关联，加强课程内容的内在联系，突出课程内容结构化，探索主题、项目、任务等内容组织方式"；"探索大单元教学，积极开展主题化、项目式学习等综合性教学活动，促进学生举一反三、融会贯通，加强知识间的内在关联，促进知识结构化"。

大观念课程与大单元教学是发展核心素养或高阶思维能力的内在要求：让课程内容摆脱"罗列知识点"现象，以少而重要的大观念为核心重构课程内容；让课堂教学摆脱以知识掌握和技能训练为核心的浅层学习，走向以发展学生概念性理解为核心的整体性的深度教学与深度学习；让课程目标与内容"更少、更高、更深"。为什么说大观念课程与大单元教学是发展核心素养的内在要求？什么是学科核心素养？什么是大观念与大观念课程？设计大观念课程的基本要求是什么？深入探索这些问题，对深化课程改革具有重要意义。

一、时代呼唤学科核心素养

　　我国 2001 年课程改革确立了"为了每一个学生的发展"和"为了每个教师的专业成长"的价值追求，这标志着我国基础教育价值观的根本转变，即由"工具主义"的应试教育观转向"人本主义"的素质教育观。这是课程改革第一阶段的根本任务。在深化基础教育课程改革阶段，为了体现信息时代个人和社会发展的新特点与新需求，我国富有原创性地研制了各门学科课程的学科核心素养，由此迈出构建信息时代课程体系的重要步伐。

　　由"三维目标"走向核心素养主要不是词汇的改变，而是对课程改革乃至整个教育改革本质理解的深化：既要改变教育价值观，又要改变教育知识观。"学科核心素养"这一概念标志着我国教育知识观的根本转变：让各门学科课程由结果走向过程，让学生从掌握学科事实转向发展学科理解。每一个学生富有个性特点并体现学科特性的学科理解或思维，才是学科核心素养的本质。唯有转变知识观，才能让教学过程真正成为知识创造过程，才能让学生既告别灌输式学习，又告别虚假探究，才能使个性解放和教育民主的课程价值得到实现。因此，如果说课程改革第一阶段是我国基础教育的"价值论转向"阶段，那么第二阶段，即深化课程改革阶段，则是我国基础教育的"认识论转向"阶段。

　　"学科核心素养"这一概念诞生于 20 世纪初的工业化时期，即分门别类的学科知识迅猛发展的时期。而它成为时代发展的迫切需要，变成一种时代精神，是在人类进入 21 世纪以后，即如今日新月异的信息时代。学科核心素养是"21 世纪素养"的有机构成。

信息时代是急剧变革的时代。信息时代之教育是"未来中心教育"（future-accented education）。美国哈佛大学教授加德纳指出："人类明日之需要，以及我们今日对智能、脑和师生文化之理解，均呼唤与过去迥然不同的教育。这种未来中心教育，所需要的不只是掌握最重要的学科形式，更是灵活运用这些学科形式解决新问题、创造新思想的能力。"（Gardner, 2000）[260] 确实，教育不能把学生留在当下，更不能送回过去，而要带领他们开创未来。只有当教育将学科知识转化为学生解决新问题、创造新思想的能力即学科核心素养的时候，它才能将学生带向未来。

信息文明即创新文明。一切都在快速变化，快速产生并快速过时、消亡。机械、重复和简单的职业正被编程计算机或人工智能所代替。人在哪里？人是什么？每一个人必须是拥有高级思维能力的创新者，必须愿意并能够欣赏、追求和创造真善美，为此，必须至少成为一个学科领域或专业领域的专家。种种研究表明，一个人要掌握一门学科，至少需要花费十年，而且还要终身磨炼。这是人在未来社会生存与发展的必要条件。加德纳因此把"学科智能"列入面向未来的"五种智能"之首。在信息文明时代，拥有学科智能既是一个人从事创新性职业的必要条件，也是其参与日益复杂而多元的社会生活的条件，还是一个人达到自我实现的条件。"倘若一个人不能至少稔熟一门学科，那他注定要任别人摆布。"（Gardner, 2008）[3] 在当前及过去只是极少数人所担当的角色、所具有的身份——学科专家，在不远的将来，则是每一个人的角色与身份。因此，学科核心素养是一种大众素养，学科智能是每一个人应具备的智能。

这是今日倡导学科核心素养的时代背景与要求。

二、学科核心素养的本质内涵

所谓学科核心素养，即适应信息文明要求和未来社会挑战，运用学科核心观念、通过学科实践，以解决复杂问题的学科高级能力与人性能力。该能力以学科理解或思维为核心，受内部动机所驱使，贯串人的毕生而发展。这里的"学科"，既包括学术性学科，如数学、科学、历史、艺术等，又包括主要专业，如教育学、医学、商学、法学、管理学等。与学科核心素养相对的范畴是以"读写算"为核心，适应农耕文明和工业文明之需要的"文化读写能力"（cultural literacy）。它不否认以"读写算"为代表的基础知识、基本技能的熟练，却在根本上超越了它们。信息时代也是"搜索引擎时代"，当几乎所有教科书知识均可通过搜索引擎瞬间呈现于眼前的时候，我们还有必要以奖励做诱因、以惩罚做威胁，让学生十二年如一日内化知识吗？诚如杜威所言，"心灵"主要是一个动词，以思维为职能，而非装知识的容器。（Dewey，1934）[274]

在教育理论界，第一次明确提出"学科素养"的人很可能是怀特海。怀特海说："对观念结构的欣赏是文化智能的重要方面，这只能在学科学习（a special study）的影响下得以生长。……唯有学科学习能够对普遍观念的准确结构予以欣赏，对结构化的关系予以欣赏，对观念服务于理解生活予以欣赏。如此学科化的智能应当既更抽象，又更具体。它经由对抽象思想的理解和具体事实的分析得以锻炼。"（Whitehead，1929）[12] 怀特海在这里明确提出了"文化智能"（cultured mind）和"学科智能"（disciplined mind）的概念，并指出其特征和培养方式：与未学科化的心灵相比，"学科智能"的特点是"既更抽象，又更具体"；通过学科学习，发展对观念结构的理解、欣赏与应用能力，是发展学科智能的基本途径。

美国心理学家、教育改革家布鲁纳未使用"学科智能"这一术语，但他却提出了"学科心理"（the psychology of a subject matter）这一概念，其内涵与"学科智能"非常接近。布鲁纳写道："'学科'是高度文明社会的一项发明。可以认为，它们是对特定现象的思维方式。"（Bruner，1966）[154] 学科思维方式是学科心理之本质。他进一步写道："对一门学科而言，没有什么比其思维方式更核心的了。对学科教学而言，没有什么比尽可能早地提供机会，让儿童学习其思维方式更重要的了。这些思维方式包括：学科连接的形式，与学科相伴而生的态度、希望、玩笑与挫折。"（Bruner，

1966)[155] 即是说，一门学科的理智形式和相应态度，构成其思维方式之核心，亦是其素养之核心。

第一次对"学科素养"做出系统论证的人，很可能是加德纳，标志是他于1999年出版的《学科智能》(*The Disciplined Mind*) 一书。作为布鲁纳的高足，加德纳深受布鲁纳学科心理思想的影响。他亦将学科思维方式视为"学科智能"的本质。他认为，当今世界，每一个儿童应享有的理想的基础教育是：超越学科事实与标准化测验，走向学科理解，培养能够欣赏和创造真善美的信息时代新人的教育。

学科核心素养本质上是学科知识观的转型。分门别类的学科知识的本质是什么？人们几乎未加思索地认定是学科事实或真理，由概念、定理、公式、信息或权威经典等所构成。这些学科事实是由少数学科专家所发现，经年累月所形成的。由于它们经无数次检验是"正确的"，故是客观的、脱离情境的、普世有效的、标准化的。只有学科事实才有资格进入教科书，而一经载入教科书就恒常而稳定，可以普遍使用、代代相传。在日常语言中，"教科书般的"变成了习惯用语，形容正确而标准的语言或行为。学科事实由于是由不同的个人或群体所提出，产生于不同的文化背景，在不同历史时期逐步积累，故往往具有离散性、具体性和原子化等特性，彼此间缺乏有机联系。这种观点可称为"事实本位的学科知识观"。在哲学上，这种知识观被称为"写真主义认识论"（the epistemology of veritism），认为知识是人对世界照相般准确无误的描摹，它由彼此分离的片段或颗粒所构成，其准确性或真理性是各自独立获得保证的。在我国哲学语境中，这种知识观被称为"反映论的认识论"，认为知识事实或真理是人脑对客观现实的正确反映。用美国哲学家罗蒂（Richard Rorty）的术语说，这是一种"镜式认识论"，人脑或人心不过是反映大自然的"镜子"而已。(Rorty, 1980) 在教育上，这种知识观认为，受过教育的人就是掌握学科事实的人，就是具有熟练读写能力的人，课程中最重要的东西就是所谓的"双基"，课程开发最重要的是如何在有限的时间与空间内，囊括、覆盖更多学科事实，并让学生熟练掌握。

"学科核心素养"在概念内涵上尽管不否认学科事实与信息，却超越学科事实，走向学科理解，倡导理解本位的学科知识观。知识本质上是人类理解并创造世界的过程与结果。人们创造学科体系只是为了更好地理解并创造世界。学科在理解中、由于理解并为了理解。所谓学科理解，即运用学科思维解决真实问题、认识并创造世界的过程。学科思维是人面临真实的学科问题和日常生活问题时能够以学科专家的方式去思考。与学科思维相对的是常规思维，即不能恰当运用学科知识，仅从日常经验出发去思考。学科理解既有年龄阶段的差异，又有个体差异。学科理解贯串人的终生而发展。学科理解的价值追求或信念是：每一个人都是创造者、问题解决者、自由思想者，人性的光辉就是思想的光辉，尊重一个人就是尊重其思想自由。是谓"理解本位的学科知识观"。

认识论专家、教育哲学家埃尔金（Catherine Z. Elgin）教授指出，如果知识是"事实"，意见（an opinion）因其不真实而不是知识，那么"即便最好的科学理论都不真实"。"虽然科学可能产生一些得到证实或可信赖的真实信念，但这是其副产品。好科学所提供的大多数内容都不是知识。""我认为无论写真主义对解释世俗知识是否貌似有理，它对科学显然不适当。"（Elgin，2006）[199-215] 科学的主要认知手段，如范畴化（categorization，即确定研究范围）、特征化（characterization，即突出关键特征）、取样（sample）、实验、范例化（examplification，以范例来证明）、模型化、思想实验（thought experiment）、虚构（fictions）等，不仅是科学用以探究世界的方法，而且就是科学本身。"科学寻求并常常提供对一定现象的统一的、整体的、证据本位的理解。……指向于获得真理的写真主义忽略了作为科学有机构成的许多要素。"（Elgin，2006）[199-215] 科学的本质是理解，其他学科（如艺术）亦如此，所区别者，是理解的目标、内容和方式不同。科学与艺术之间亦存在内在联系且相互促进。"思想实验即科学虚构；文学和绘画虚构，即美学思想实验。"（Elgin，1991）[196-208] 哲学认识论的根本任务需要转型：从知识到理解。

走向理解是知识学或认识论的新进展。科学乃至整个学科世界开始突破真理的牢笼，不再试图一劳永逸地追求能够准确反映世界的、永远正确的、写真主义的"客观真理"或知识事实，而是永无止境地寻求对世界的日益深入、丰富而多元的理解。学习不再是获得固定而正确的知识事实，而是学会理解。从事学科理解不再是少数学科专家的专利，它在横向上拓展到普罗大众——所有人，纵向上则延伸到从儿童到老年人的毕生发展。这种理解本位的知识观为发展学科核心素养奠定了知识论基础。

加德纳在理解本位的知识论的基础上提出了"理解教育"（education for understanding）的愿景。种种研究表明，许多人，即使是名牌大学毕业，拥有了丰富的学科知识，但却牢固坚守错误概念、错误信念，甚至迷信"超能量"，不能发展学科思维。加德纳认为，发生这种普遍存在的现象的主要原因，是"无论教师、学生、政策制定者，还是普通公民，均未理解学科事实与学科的区别。大多数学校或培训项目的大多数学生都在学习学科事实。……他们认为他们的学习任务是记忆大量事实、公式和图表"。(Gardner, 2008)[27] 加德纳对"学科事实"（subject matter）与"学科或学术"（discipline）的区分呼应了埃尔金"理解本位的知识论"。"学科表征了极为不同的现象。一门学科构成了关于世界的独特思维方式。"（Gardner, 2008）学科本质上是理解世界的独特思维方式。不同学科相区别的核心是其思维方式的不同。但不同学科之间又存在内在联系，它们相互影响、动态互动、交叉融合，共同指向对世界的丰富而多元的理解。在加德纳看来，学校教育的主要目的之一是发展学生的学科思维。"学生应对可控数量的范例探究到足够深度，他们由此可以理解一个人以科学家、几何学家、艺术家、历史学家的方式去思维与行动。"（Gardner, 2000）[118] 发展学科思维的基本方法是对少量的、典型的学科范例展开深度探究。面面俱到地记忆大量学科事实，事无巨细地训练大量学科技能，反而有损学科思维的发展。在加德纳看来，学科思维构成"学科智能"的核心内容、主要内容。

由此观之，转变知识观是发展学科核心素养的锁钥。学科知识本质上不是学科事实，而是学科理解；不是遮蔽世界，而是揭示世界；不是越多越好，而是越深越好；不是培养具有常规思维、维持性思维的奴性人格或熟练技工，而是培养具有学科思维和创新性思维的自由人格和创造者。

三、学科大观念的内涵

运用学科观念（disciplinary ideas），解决真实问题，促进学科理解，发展学科素养，这是信息时代学科教育的基本特征。基于学科核心观念重建课程内容，是发展核心素养的内在要求。

所谓学科观念，即特定学科事实或主题所体现的可迁移的学科理解或思想，是以学科专家为主体所创造的理解和探究世界的心智结构或图式。"学科核心观念"（disciplinary core ideas），亦称"学科大观念"（disciplinary big ideas），即特定学科中最基础、最根本、最有力量的观念。学科大观念可以表述为体现学科特点或本质的概念或范畴。例如，物质科学的核心观念可概括为物质及其相互作用，运动与静止，能量，波及其在信息传输中的应用。（National Research Council，2012）[3] 社会科学的核心观念可概括为迁移、人口、空间关系、地貌、资源等。体育的核心观念可概括为耐力、灵活性、强健、策略、坚持性、团队协作等。（Erickson et al.，2014）[41] 学科大观念也可表述为由几个概念或范畴所形成的命题，如"生态系统中的有机体形成相互依存的关系"，"国家之间可通过协商解决国际冲突"，等等。（Erickson et al.，2014）[341] 学科大观念既可以是单学科的，又可以是跨学科的。例如，美国《K—12科学教育框架》（A Framework for K—12 Science Education）提出了七个跨学科概念：模式，原因与结果，规模、比例与数量，系统与系统模型，能量与物质，结构与功能，稳定与变化。这些概念渗透于所有科学学科之中。而国际文凭组织所提出的超学科大观念——形式、功能、原因、变化、联系、观点、责任、反思，则横跨科学、人文和社会研究领域的所有学科。学科大观念既可以成为主导国际、国家、地方和学校课程设计的整体性概念框架，又可成为引领教师日常教学的具体框架，让教师走向"观念为本的教学"。

学科事实是结果，是具体、零散、固定的；学科观念是过程，是抽象、联系、变化的。学科事实难以迁移和应用；学科观念可迁移、可应用，可用于解决新问题、应对新情境。学科事实的本质是"符合"——主观世界对客观世界的"符合"与反映;学科观念的本质是理解——人对世界永无止境的探寻与创造。人一旦掌握了学科观念,就拥有了观察、理解世界的新视角——学科视角,就能够摆脱日常生活经验的牢笼,不断创造新世界、追求新生活。这就是为什么怀特海说学科化的智能(心灵)既更抽象,又更具体。唯其抽象,才能创造新的具体。美国课程理论家多尔说:"事实本身真的一无所有。唯有当它与其他事实建立联系的时候,当它情境化的时候,它才能获得其'事实性'(factness)。"(Doll,2012)[117] 能够把一个学科事实与其他学科事实以及生活世界联系起来的东西,正是学科观念。

另一方面,学科事实与学科观念之间又存在内在的复杂的联系。学科事实不是自然存在的,而是学科专家基于特定学科观念发现、发明和创造出来的。学科观念作为心智结构或图式,总是通过特定学科事实或主题体现。一个学科观念可体现在多种学科事实中,并能创造新的学科事实;而一个典型学科事实又可能体现多种学科观念。

学科观念本身并非学科素养,而是发展学科素养的前提条件。学科观念是一个领域的学科专家及相关人员对特定问题或现象达成共识的集体理解。这些理解相对稳定且具有高度解释力和应用性,对学科发展有深远影响。例如,达尔文所确立的"进化"观念不仅影响了生物学和整个科学世界的发展,而且深深地影响了社会科学的进步;王国维在《人间词话》中所确立的"境界"观念为理解唐诗宋词乃至整个中国文学提供了新视角。但是,类似"进化""境界"等观念本身并非学科素养。只有人掌握了学科观念,并用之解决自己生活中的问题,普遍的学科观念才能转化为每一个体的学科素养。学科观念不是固定事实,它蕴含理智探究和问题解决的丰富可能性,故对其的理解可伴随人的年龄增长、心理发展和社会经验的丰富而持续深化。通过持续探究学科观念,人的理解力就会不断增长,这种理解力就是人的学科素养。

将学科观念转化为学科素养的必要条件是学科观念的个人化。让学科观念既与人的不同年龄阶段特征相结合,又与每一个体的独特个性相结合,使之与个体经验相连接,帮助学生学会运用学科视角理解和探究生活问题,不断发展学科理解力和解决生活问题的能力，这个过程即是学科观念的个人化。布鲁纳曾提出"知识的个人化"（the personalization of knowledge），并深刻指出："知识的个人化并非简单让知识与人的熟悉之物相联系。相反，它是一个人将熟悉之物变成更一般事物的一个例子，并因此发展对一般事物的意识。"（Bruner，1966）[161] 这里的"一般事物"即是人的日常生活、日常行为中所蕴含的学科视角、学科观念。如果说杜威更关注学科知识的生活意义，那么布鲁纳以及怀特海则更关注日常生活的学科价值。将两种意义相结合，学生不断发展生活创造力与学科理解力，便是今日学科教育的价值追求。

第一次意识到学科核心观念或学科大观念问题并做出深刻阐述的人是怀特海。怀特海认为，一切教育的中心问题是让知识保持鲜活，避免知识的惰性化。由于人的心灵是活的有机体，我们必须时刻警惕不要让它充斥惰性知识（inert knowledge）。所谓惰性知识，就是由零散的学科事实所构成、适应外部考试之需要、不能在生活中应用和用以解决问题的知识。这类知识是僵死的、惰性的、无用的、无生命的、贫瘠的，是心灵的"僵尸"或"朽木"。怀特海深刻指出："仅仅拥有许多信息的人是上帝创造的地球上最无用和令人厌烦的人。""充满惰性观念的教育不仅无用，而且至关重要的是，它非常有害。"（Whitehead，1929）[1] 20世纪初的英国教育还比较保守，强调整齐划一的外部考试，极大地伤害了学生的创造智慧。怀特海对此忧心忡忡："我认为主要为了考查单个学生的外部考试制度不会产生任何教育效果，仅造成教育浪费。"（Whitehead，1929）[13] 晚年的怀特海依然对惰性知识和外部考试制度深深忧虑。他在接受访问时说："我对创造智慧被冻结在'太好的教学'中充满恐惧。这种'太好的教学'就是灌输固定观念。"（Price，1954）[63]

怎样让教育摆脱"惰性知识"或"死知识"的梦魇？怀特海提出了两条教学格言：第一，不要教太多学科；第二，无论教什么，要教就教得彻底。（Whitehead，1929）[2] 教太多学科，必然导致浅尝辄止、浮光掠影，必然导致知识或信息的碎片化。正是学科间的割裂，扼杀了学校课程的生命力。那么，出路何在？根除学科割裂，建立学科联系。怀特海睿智地指出："教育只有一门学科，那就是完整表现的生活。"（Whitehead，1929）[6-7]生活是所有学科的共同基础与意义源泉。当学科与生活建立起内在联系，那学生所学习的就只有一门学科——生活。学生如何摆脱日常生活经验的局限性，如何发展学科智能或学科素养？——超越琐碎的学科事实或信息，选择重要学科观念，与日常生活相联系进行深度探究，以学会运用专业视角理解生活事件或现象。生活原本蕴含专业性（specialism）。"我确信，在教育中，只要你排除了专业性，你便毁坏了生活。"（Whitehead，1929）[10] 基于这种认识，怀特海在教育史上第一次论述了学科核心观念的价值："让引入儿童教育的主要观念少而重要，并使它们建立所有可能的联系。"（Whitehead，1929）[2] 这些"少而重要"的主要观念即学科核心观念或学科大观念。对这些观念要"使用，或检验，或建立新鲜联系"。（Whitehead，1929）[1] 这样获得的知识，即活的知识；这样实现的发展，即智力发展。由于学生获得的观念或知识是活的，它们可以自我生成与创造，因此这些知识虽少尤多。怀特海进一步写道：

> 教育必须传递对观念的亲切感受：观念的力量、观念的美以及观念的结构，连同特定的知识体系，该体系对蕴含它的生活存在特殊指向。（Whitehead，1929）[11-12]

既强调生活，又强调学科观念，关注生活的专业性，强调学科观念对生活的意义和价值，这是怀特海对杜威的生活教育观的有益补充。这种思想在20世纪50年代末肇始于美国、波及全球的"学科结构运动"中得到继承与发展。

布鲁纳是"学科结构运动"的主要理论奠基者与学术领导者。在"理智的黄金时代"，即科学、技术和所有学科知识迅猛发展的时代，教育的目的是什么？布鲁纳回答："教育的目的是学科理解力（disciplined understanding）。这也是教育过程。"（Bruner，1961）[76] "学科理解力"即运用学科知识解决问题的能力。这是与学科素养或学科智能极为接近的概念。达成学科理解力的基本途径是"学科探究"（disciplined inquiry）。学科探究"处于教育的核心"。探究什么？探究知识结构。所谓知识结构，即一个学科领域的基础观念（fundamental ideas），由基本概念、基本原理及相应的探究方法或态度所构成。（Bruner，1977）[18-20] 知识结构是"伟大的概念发明，它们使无联系的观察事实的聚合产生秩序，使我们所学习的内容产生意义，使开辟经验的新领域成为可能"。（Bruner，1961）[76] 例如，物理学上的"力"、化学上的"键"、心理学上的"动机"、文学上的"风格"等，均是知识结构，它们是学科的灵魂与核心。

学科结构源自人对世界日益深入的理解，它们将文化知识组织起来、建立联系、赋予意义。所谓学科结构，即一门学科的基本概念、基本原理及相应的探究方法和态度。布鲁纳有时又将知识结构称为"伟大组织观念"（great organizing ideas）。"一部文化史即伟大组织观念的发展史。……伟大组织观念的力量不只是它们能使我们理解并常常预测或改变我们所生存的世界，还表现为这一事实，即观念为经验提供工具。"（Bruner，1961）[77] 正是学科结构，让学科知识具有内在价值和自身统一性，与日常社会生活区别开来，拥有相对独立性，尽管不能据此否认学科与生活的内在联系。例如，交换律这一观念让代数成为可能，它无法直接取自社会生活，因为每间房子 14 人、有 2 间房子，与每间房子 2 人、有 14 间房子，二者在社会意义上根本不同。学科结构也为人的日常经验的理论化、发展与提升提供智力工具，通过对学科结构的学习与掌握，人有了观察世界的学科视角，从而使理解和创造新生活成为可能。正因为学科结构如此重要，布鲁纳主张将之在课程中尽早呈现，让儿童尽早学习，由此提出了著名的"三任何假设"："任何学科都能以某种诚实的形式教给任何年龄阶段的任何儿童。"（Bruner，1977）[ix] 由于学科结构是灵活的基础观念而非固定学科事实，其本身具有可理解性；学科结构既可根据学生的年龄特征而转化，又可根据学生的个性特征而转化，学生可以随着年龄增长和个人境遇的变化不断对学科结构发展个人理解，此过程持续终身，永无止境；学科结构的呈现方式、学生的学科探究能力和学科理解力亦可持续发展、螺旋式上升。布鲁纳由此发明了著名的螺旋式课程（spiral curriculum），他也被学术界誉为"螺旋式课程之父"。螺旋式课程观不仅从学科结构与学科理解力的角度对杜威"儿童与课程是一连续体"的观点做出了重新解释，而且为今日方兴未艾的学习进阶研究开辟先河。

由此观之，布鲁纳不仅继承了怀特海基于过程哲学对学科核心观念做出的开创性解释，而且还基于结构主义认识论和认知心理学将学科观念理解为知识结构，由此建构起从学科结构到学科探究再到学科理解力的完整理论体系，形成了指向学科理解力发展的教育目的与教育过程的统一。这为 21 世纪信息时代的学科大观念和学科素养运动奠定了理论基础。

在怀特海和布鲁纳思想的基础上，美国教育改革家、哈佛大学教育研究院原院长赛泽（Theodore R. Sizer）于 1984 年明确提出"少而精"（less is more）的课程内容选择原则。他写道："任何学科都应当是学生迈向更多学科的燃料。学校一切课程的细节必须经受这一检验。"（Sizer，1984）[115] 他后来进一步解释道："课程设计应当被学生所需要的理智与想象能力和素养所决定"，"课程决策应当由学生彻底掌握和应用知识的目标所引领，而非只是致力于覆盖更多学科内容"。（Sizer，1984）[155] "少而精"的课程即基于学科核心观念的课程。"少而精"原则随后成为美国重要教育改革项目"优质学校联盟"（The Coalition of Essential Schools）的核心原则之一。进入 20 世纪末，伴随信息时代的到来，人们越来越意识到以学科事实为中心的课程与教学的局限性。由于知识和信息日新月异且呈爆炸性增长之势，加之搜索引擎的发明与普遍使用，记忆或内化学科事实既无可能，又无必要。正如美国"观念为本课程与教学"的重要倡导者埃里克森所言："值此知识过载时代，学生需要一种心智图式或模式以选择信息。"在此背景下，世界主要发达国家和国际组织纷纷倡导基于学科核心观念组织课程与教学，由此在世界范围内兴起"学科观念运动"。这在某种意义上是先前的"学科结构运动"在信息时代的复演与发展。

学科观念或跨学科观念众多，我们如何做出取舍，形成最有教育价值的核心观念？对此，怀特海提出了"少而重要"的原则；布鲁纳提出了"对解决新问题有宽广应用性"（Bruner，1977）[18] 的原则；赛泽提出了应用性（usable）与生成性（generative）原则，即"少而精"原则。（Sizer，1984）[113-114] 凡此种种，均富有启发性。美国影响深远的《K—12 科学教育框架》提出了确定学科核心观念的四条标准：（1）它是一门学科的关键组织原理，或具有跨学科的广泛重要性；（2）它提供理解或研究更复杂观念和解决问题的关键工具；（3）它与学生的兴趣和生活经验相联系，或者与社会或个人的关切相联系，这些关切需要科学或技术知识；（4）它具有可教性（teachable）与可学性（learnable），其深度与复杂性能够跨越多个年级不断增加。即是说，该观念既对年轻学生具有可接受性，又足够广大，值得持续研究多年。（National Research Council, 2012）[31] 该文件指出，所确立的学科核心观念至少要满足以上两条标准，最好能满足三条或全部四条标准。这些标准尽管根据科学教育而设定，但对其他学科亦有重要借鉴意义。

我们可以根据既有的研究与实践，形成确定学科大观念的五条原则。这些原则既适用于国家、地方或学校的课程开发，又适用于教师的日常教学实践。它们是：（1）结构性——大观念是构成一门或几门学科的最基础的、不可或缺的组织性、构成性观念；（2）解释性——大观念具有强解释力，可用于解决复杂问题、应对复杂情境；（3）适切性——大观念既满足学生个人兴趣与需要，又满足社会发展需要；（4）发展性——大观念能够满足学生终身发展的需要；（5）生成性——大观念"少而精"，具有高生成性和应用性。

百年学科教育发展史以及全球课程改革趋势充分证明：让学校课程超越学科事实、走向学科大观念，是发展学生学科核心素养之关键。

四、大观念课程与教学的历史发展

核心素养概念的提出，意味着我国整个课程和教学体系将从课程目标、内容到教学、学习和评价方式的整体变革。为实现此变革，我国提出了一系列伴随核心素养的以"大"为定语的概念：大项目、大问题、大情境、大任务、大观念等。在这里，"大"的意思是强而有力：能够帮助学生强而有力地解决真实情境中的复杂问题。所有这些概念的本质都是大观念。倘没有大观念的理解与应用，其余的做法很可能流于形式、"换汤不换药"，改革目标难以达到。因此，核心素养理念意味着我国基础教育正在走向大观念教学：让各门学科的教学由传递学科事实、掌握知识点，走向理解学科事实由以产生的大观念，帮助学生产生可广泛迁移的概念性理解。只有当学生理解了学科大观念，形成了专家思维能力和复杂交往能力，他们才能成为信息时代负责任的创造者，我国教育改革才能完成时代使命。

所谓大观念课程与教学，是以学科大观念为主要内容，以学科实践为主要过程，以发展学生概念性理解与核心素养为目标的课程与教学。大观念教学的本质是概念性理解，旨在发展每一个学生的逻辑心性与批判性思维能力。在大观念课程与教学中，一切知识、技能变成了手段，成为发展概念性理解与核心素养的工具。第一次明确提出大观念对教育的意义的人很可能是怀特海，他在1912年做的名为"数学课程"的演讲中说道："无人能成为好的推理者，除非他通过持久实践，已然意识到理解大观念并死死坚守大观念的重要性。"（Whitehead，1929）[84]

大观念课程与教学有着悠久的过去，却只有短暂的历史。从其悠久的传统而言，柏拉图的"理念"（idea，又译为"理式""理型"等）是今日"观念"及"概念"的源头。他区分了"理念世界"与"现实世界"，认为抽象的"理念"是完美而实在的，具体的"现实"则是"理念"的不完美的复制品，是虚假而变化的。亚里士多德的形而上学和形式逻辑发展了柏拉图的"理念论"。在欧洲大陆唯理论（rationalism）和英国经验论（empiricism）长期分庭抗礼之后，直到18世纪康德系统确立起"先验认识论"，为现代科学和今日倡导的学科概念奠定哲学基础。康德说："思维即通过概念而认识。"（Kant，1992）[589]他进而提出了著名的认识论公式：概念无经验则空，经验无概念则盲，概念与经验的结合即理解或知性的发生。（Kant，1996）[106-107]在康德看来，概念具有独立性，不能通过分析经验事实而获得。概念又依赖经验事实验证其合理性。杜威在其独特的探究逻辑的基础上，撰写了被称为"进步教育圣经"的不朽名著《我们怎样思维》，这也是关于核心素养的经典之作。杜威认为概念或观念是分析困惑问题的理智工具，是引领实验或探究的假设。这样，学科概念或观念就与学科实践或实验具有了内在联系。从柏拉图、亚里士多德到康德、杜威，他们的概念或观念理论为今日大观念课程与教学提供了取之不尽、用之不竭的智慧资源。

从诞生历史看，大观念课程与教学是 20 世纪 60 年代以后的产物。布鲁纳和施瓦布（Joseph Schwab）所引领的"学科结构运动"为大观念课程与教学奠定了思想基础。与学科结构相适应的学习方式是"发现学习"或"探究学习"。今日大观念课程与教学直接继承了这些观点并有所发展。在"学科结构运动"的历史背景下，美国课程理论家塔巴（Hilda Taba）于 1962 年出版了《课程开发：理论与实践》（*Curriculum Development：Theory and Practice*）一书，她在书中将课程内容区分为四个水平，即具体事实与过程（specific facts and processes）、基本观念（basic ideas）、概念（concepts）、思想体系（thought systems）。塔巴指出，掌握具体事实与过程的好处是相当有限的，"这类知识可描述为是静态的，是'死胡同'。掌握它们不会产生新观念，不会将思想引向前方"。（Taba，1962）[175] 只有基本观念、概念和思想体系能够在具体事实之间建立联系，为学生的"洞见和理解"提供情境。（Taba，1962）[177] 一般认为，大观念课程与教学起源于塔巴的《课程开发：理论与实践》一书。深受塔巴著作和研究工作的影响，美国当代教育家埃里克森于 1995 年在《激荡头脑、心灵与灵魂》（*Stirring the Head*, *Heart and Soul*）一书中，第一次提出了"概念本位课程与教学"（concept-based curriculum and instruction）这一术语，创立了大观念课程与教学最具代表性的范式。（Erickson，2008）

埃里克森"概念本位课程与教学"模式的核心内容包括四方面：（1）概念视角（conceptual lens），即提取与主题内容相适切的核心概念，作为探究主题内容的心智工具或结构；（2）协同思维（synergistic thinking），即运用概念视角理解学科事实，运用学科事实支持、验证概念性理解，使概念与事实协同发展，这里的"协同思维"与"批判性思维"具有同质性；（3）归纳教学（inductive teaching），即学生在小组合作与教师指导下自己获得概念性理解，用"再发明"知识的方式学习知识；（4）引导问题（guiding questions），即运用"事实性问题""概念性问题"和更加开放的"辩论性问题"引导学生的系列探究活动，让教学成为探究过程。（Erickson et al.，2014）[95-103]

埃里克森的教学模式是大观念课程与教学的主要模式之一，目前已被广泛采用。除埃里克森模式以外,其他的大观念课程与教学模式还包括:威金斯和麦克泰的"设计性理解"模式(understanding by design)、统整课程模式(integrated curriculum model)、组织图模式(graphic organizer model)、科学技术社会取向(STA approach)、5E教学模式(5E teaching model)等。日益增多的模式充分说明,大观念课程与教学正在成为国际课程与教学理论和实践的重要发展方向。

我国倡导大观念课程与教学既顺应信息时代国际课程改革趋势,又满足了我国教育和社会发展的特殊需要。大观念的本质是批判性思维和创造性思维。大观念课程与教学既有助于发展每一个学生的逻辑思维与创造个性,又能实现"生活心性"与"逻辑心性"的有机整合,引领信息时代和知识社会健康发展。

五、大观念课程与教学的设计要求

大观念由两部分构成。一是一门学科或一个单元主题的"关键概念"(key concepts),由词语所构成。二是两个或两个以上的关键概念建立联系,形成一个判断或命题,由句子构成。例如,"迁徙""自由"这两个概念是"社会流动与闯关东""社会流动与农民工进城"等主题的关键概念,也是历史、地理等学科的关键概念,"迁徙使人自由"这一命题就成为一个大观念。学生学习上述主题之后,既能用"迁徙""自由"的概念视角理解社会现象,又能形成"迁徙使人自由"的概念性理解,以指导个人和社会做出决策与行动,这就意味着学生形成了核心素养。

选择恰当而有力量的关键概念是凝练大观念的第一步。这一步对发展学生的概念性理解及核心素养发挥着举足轻重的作用。这里的概念是人用来理解通过感官所获得的感觉资料的心智工具,它们不是从感官经验和各类事物中概括出来的,不是通过把事物中"不同的性质"过滤掉、"相同的性质"留下来所形成的。(Dewey,2008)[280]概念是人在实践过程和解决问题的过程中被证明有价值的意义或被证实了的假设。这是杜威的"实验经验论"至今依然富有生命力的地方：学生只能通过亲身实践、亲身经历探究或问题解决过程才能发展概念视角，形成概念性理解。另一方面，为了深入理解大观念课程与教学的含义，我们必须确立概念作为学科形式的相对独立性。如布鲁纳所言，一门学科说到底是由一些"伟大的组织观念"（即关键概念）所构成，这些概念或观念就是学科形式，它们在经验世界中没有直接对应物，常常与人的感官知觉经验相左。康德的"纯粹理性"或"先验范畴"和爱因斯坦的"概念"理论，均指出了"概念"的相对独立性。爱因斯坦说："我相信，甚至可以断言：在我们的思维和我们的语言表述中所出现的各种概念，从逻辑上来看，都是思维的自由创造，它们不能从感觉经验中归纳得到。""概念是思维的一种独立创造。"（爱因斯坦，2011）[557] 既然如此，无论对一门学科，还是对一个单元主题，必须将其关键概念从学科或跨学科角度独立提出，并让学生以亲身实践或问题解决的方式去使用这些概念，才能形成学生的概念视角、概念性理解及核心素养。

怎样提出关键概念？埃里克森曾提出一个关于关键概念的操作标准。（1）抽象性（abstractness）：关键概念是抽象概念而非具体概念，即不是类似桌子、椅子之类可触摸、观察的客观事物的概念，而是类似因果、自由、力之类的抽象概念。（2）普遍性（universality）：关键概念具有很大的概括性，可以普遍迁移于各种新情境。（3）非时间性（the timeless）：关键概念具有持久性和一定程度的永恒性，不是一个已结束的过去事件、转瞬即逝的现在事件或尚未发生的将来事件。（4）共同性质（common attributes）：关键概念是共同性质，涵盖许多事例。（5）由词或短语构成："关键概念"由一个或两个词或一个短语构成。（Erickson et al.，2014）[33-34]将这些操作标准与前文所谈及的结构性、解释性、适切性、发展性、生成性等原则结合起来，有望确立恰当的学科或单元主题的关键概念。在关键概念之间建立联系、形成命题或句子，构成可普遍迁移的概念性理解，这就是完整的大观念。

尽管不同教育学者、实践者和决策者对"大观念"一词的使用及其内涵所指不尽相同，但均指向培养学生可迁移的概念性视角和概念性理解。

大观念课程与教学的设计要求可概括如下。

一是独立提出学科或单元主题的关键概念，并在关键概念的基础上形成可普遍迁移的完整大观念或概念性理解。既然概念或观念不能从感觉经验中归纳得到，那就只能相对独立地提出，并让学科知识和技能以概念或观念为纽带建立有机联系。

二是创设真实情境或模拟情境（模拟专家创造或使用知识的情境），让学生以亲身实践与协作问题解决的方式获得概念性理解及核心素养。关键概念及大观念是用来分析困惑、解决问题的工具或假设，而不是另类事实。凡理解均具有不可传递性，因此概念性理解必须由学生通过亲身活动获得，不能由别人代替。切忌将关键概念及大观念教成定义或事实。

三是由学科专家、学科教育专家、学科教师、课程专家、学习科学家等合作确立每一门课程的关键概念及大观念。由于关键概念及大观念集中体现学科本质、学科思维和学科实践，是学科专家探究、理解和解决问题的独特方式，属于专家思维的范畴，因此需要以学科专家和学科教育专家为主体并参照其他相关人员的建议而确立。目前，我国2022年版义务教育课程标准中科学、生物、化学、物理等学科都基本确立了本学科的关键概念或大观念，这为广大学科教师从事大观念教学打下了基础。其余的课程标准则以主题或任务群的方式构建课程内容，这也为广大教师在实践中确立核心概念及大观念创造了一定条件。相信通过几年课程改革实践，未来每一门课程均可逐步形成自己的概念或观念体系。需要指出，由于学科在不断发展，学科研究也存在不同学术共同体和学科范式，因此同一门课程在概念或观念体系上存在分歧是正常现象，只要有助于学生发展概念性理解及核心素养，就是有教育价值的学科概念或观念。

四是教师在教学过程中以课程标准为依据，针对单元主题的内容，根据学生的年龄、心理发展的阶段特点和个性特点，提出单元主题的关键概念及大观念。教师在创生课程与设计教学的过程中，只有将关键概念及大观念与学生的活动紧密结合，才能避免康德所说的"概念无经验则空，经验无概念则盲"，也才能避免威金斯和麦克泰所批评的"设计两恶"，即"有活动无内容，有内容无活动"。（Wiggins et al., 2005）[3] 在大观念课程与教学中，教师首先要实现自身的角色转变，使自己成为"观念本位教师"

(concept-based teachers)；其次要帮助学生发展成为"观念本位学生"（concept-based students）。这意味着教师要与学生合作，根据单元主题和具体学习活动的需要，随时提出关键概念及大观念，自由使用概念视角和概念性理解探究主题，在主题探究中持续发展学生的概念性理解及核心素养。

五是教师根据所确立的单元主题的关键概念及大观念，提出引导问题和探究线索，设计真实表现性任务，规划由浅入深的系列探究活动。只有当概念或观念转化为问题，才能成为学生探究或理解的对象。由关键概念及大观念可提出"概念性问题"，亦称"本质性问题"，这类问题具有开放性，贯串于大观念课程与教学始终。概念性理解只有朴素与学术、低级与高级、简单与复杂之别，没有对错之分，主要由"为什么"之类的问题所构成，故对发展概念性理解及核心素养发挥核心作用。概念性理解离不开学科知识，针对单元主题所涉及的关键学科知识或学科事实，可提出"事实性问题"，这类问题有对错之分，是解决"概念性问题"所需要的手段和伴随物，服务于概念性理解的发展。"辩论性问题"，亦称"哲学性问题"，是与单元主题相关的哲学性或争议性问题，这类问题与"概念性问题"相比更为开放、更为发散。当把大观念上升到哲学的高度去思考，或下沉到真实情境里的复杂问题中去应用，则会产生"辩论性问题"或"哲学性问题"，这类问题可以有力激发学生思考，又被称为"激发性问题"（provocative questions），它们是概念性问题的延伸与补充。（Erickson et al.，2014）[102-103] 引导问题与探究线索是大观念课程与教学的重要构成。

由于概念性理解及核心素养遵循心灵原则、发生于头脑内部，只有当其转化为可触摸、欣赏、观察、评论的"公共实体"或"产品"的时候，才能获得证实、得到发展。人只有在表现理解时才能发展理解，大观念课程与教学秉持"表现性理解观"（a performance view of understanding）。（Wiske，1998）[42]因此，在确定以概念性理解及核心素养为主体的课程与教学目标之后，需要设计与此目标相适应的表现性任务及相应的表现过程和产品。让学生置身某种情境、以某种角色、基于某种目标、面对某个或某类受众完成某项表现或某个产品，这就是真实表现性任务。这种任务具有累积性，是由一个个子任务构成。子任务及最终的表现性任务既构成概念性理解及核心素养的评价，又构成具体的教学与学习过程。一手抓住概念性理解及核心素养目标，一手抓住表现性任务，然后设计整个单元的系列探究活动，由此构成大观念教学的完整设计过程。大观念教学追求基于设计思维进行的教学设计，让教师成为"学程设计师"。这种教学设计取向被威金斯和麦克泰称为"逆向设计"。（Wiggins et al.，2005）[13-14]

由此观之，概念性理解及核心素养是大观念课程与教学的根本目标，关键概念、大观念及引导问题贯串课程与教学始终，表现性任务与系列探究活动则是概念性理解及核心素养的发展过程和载体。大观念课程与教学中，在不确定情境中解决复杂问题的高级能力和人性能力是目的，一切知识技能都是手段、伴随物和副产品。

第六章
学科实践教学：
让学生像专家一样思考

《义务教育课程方案（2022年版）》确立了"实践育人"的根本原则。方案指出："变革育人方式，突出实践"；"突出学科思想方法和探究方式的学习，加强知行合一、学思结合，倡导'做中学''用中学''创中学'。优化综合实践活动实施方式与路径，推进工程与技术实践。积极探索新技术背景下学习环境与方式的变革"。这里的"学科思想方法和探究方式""工程与技术实践"均属"学科实践"的范畴，"做中学""用中学""创中学"则是具有普遍教育意义的"实践育人"原则的教学和学习体现，倘若再补充"合作中学"，则成为相对完整的"实践教育学"（a pedagogy of practice）要求。

"实践育人"的哲学本质是"参与者认识论":学生不是学科学习的"旁观者"和"静听者",而是"参与者"和"建构者"——参与学科实践、建构学科理解。学科理解具有不可传递性,只能由主体亲身参与实践和建构方能获得。以学科理解为核心的学科核心素养的发展必然要求学科实践作为基本教学方式。

"实践育人"是信息时代发展学生核心素养的内在要求。由于信息时代社会的职业世界和社会生活日益走向专业化和复杂化,工业化时期"专家"(specialists)与"通才"(generalists)的对立消失,每一个人需要至少成为一个学科领域的"专家"(experts),发展"专家思维",并以此为基础发展各种跨学科素养,使自己成为"通识型专家"(versatilists)或"业余专家"。这就要求每一个学生从小就要"像专家一样去思考",用美国学者莱夫(Jean Lave)的话说,让学生学习学科的过程成为对学科研究进行"合法性边缘参与"(legitimate peripheral participation)的过程。(Lave et al., 1991)[34] 这样,学生的学科学习变成学科实践,学科教学转变为学科实践教学。这是发展核心素养的时代召唤。

一、学科核心素养与学科实践

学科观念的本质是学科理解。人只有在改变世界的过程中理解世界,在探究学科的过程中理解学科。因此,学科理解内在地包含着、呼唤着学科实践。

所谓学科实践,即学科知识的发明、创造与应用的实践。它是一个学科领域的专家从事学科探究的典型实践。尽管不同学科专家有鲜明的学术风格,但同一个学科领域的专家的探究实践总具有共性。学科实践是学科理解、学科知识与技能、学科探究方法和态度的综合。例如,美国《K—12科学教育框架》规定了8种科学与工程实践,这既是学生学习科学的方式,又是学生必须发展的科学能力或素养。这些典型实践是:(1)提出科学问题并界定工程疑难;(2)开发并运用模型;(3)规划并执行探究;(4)分析并解释数据；（5）运用数学与计算思维；（6）建构科学解释并设计工程方案；（7）投入基于证据的论证（argument）；（8）获取、评价并交流信息。（National Research Council，2012）[49] 这些典型实践体现了科学研究与工程设计的特点和发展趋势。该框架将"实践"置于首位，即"维度1"，旨在强调实践对科学教育的重要性。将科学与工程实践置于课程标准中举足轻重的地位，目的在于满足这样的期望："学生将亲身参与到实践中，而不只是学习关于实践的二手知识。倘没有亲身经历这些实践，学生则既不能理解科学实践，也不能充分领会科学知识本身的性质。"（National Research Council，2012）[30]

美国《共同核心州标准》在总结既有研究的基础上，提出了8种典型数学实践，这是学生要发展的重要数学素养。它们是：（1）提出有意义的问题并坚持解决问题；（2）抽象与量化推理；（3）建构可行论证并评判他人的推理过程；（4）数学建模；（5）策略性运用恰当工具；（6）关注精确性；（7）寻找并运用结构；（8）寻找并表达循环推理（repeated reasoning）的规律性。这些数学实践要与数学知识有机联系起来，贯串于从幼儿园到高中的所有数学学习之中。

我国2022年版义务教育课程标准规定了各学习领域的学科实践。例如，语文课程规定了"阅读与鉴赏""表达与交流""梳理与探究"等语文实践活动，科学类课程将"探究实践"或"科学探究"或"科学探究与实践"作为科学课程要培养的学生核心素养的重要构成；艺术将"创意实践"和"艺术表现"作为两大课程核心素养；历史确立"史料实证"和"历史解释"两种历史实践并将其作为历史课程要培养的学生核心素养；地理则将"地理实践力"作为重要的核心素养；等等。

将学科理解为"一组实践"（a set of practices）是学科教育的新发展。

第一，学科知识与学科实践相互依存、彼此融合，体用不二。倘剥离学科实践，学科知识就变成无源之水、无本之木。倘漠视学科知识，学科实践就变成一类空洞、僵化和机械的操作程序。唯有将学科知识与学科实践变成有机整体，才能形成完整的学科概念。"科学不只是反映对世界的当下理解的知识体系，它还是一组实践，用于建立、拓展与优化该知识。知识与实践，这两个要素都是必要的。"（National Research Council，2012）[26] 不仅自然科学如此，社会科学与人文科学均由知识和实践的融合所构成。

第二，学科实践具有复杂性，且随时代而变迁、发展。对任何一个学科领域而言，其学科实践绝不只是一种或几种方法、过程或程序，也绝非超越历史和社会情境而固定不变的。理解学科实践的复杂性和发展性是当今学科领域与学科教育的重要特点。以科学教育为例，过去长期以来过度重视了实验探究，却相对忽视了其他重要科学实践，如建模、发展解释、评判与论证、交流信息等。（National Research Council，2012）[44] 因此，当今科学教育强调基于证据的评判与论证的重要性。其他学科领域的实践也同样随时代而发展。

第三，学科实践既具有领域特殊性，又具有跨学科性和联系性。以学科专家为主体所形成的学术或专业共同体有自己的文化、历史和方法论，因此，学科实践具有领域特殊性，学科教育在一定程度上属于特色教育学（signature pedagogies）。"特色教育学正因其弥漫性而变得重要。它们隐性地界定了一个领域什么值得称为知识，事物如何被认识。它们界定了知识如何被分析、批判、接受或摒弃。"（Shulman，2005）[54] 但因为一切学科领域本质上都追求理解且源于生活，其研究内容与方法亦可相互影响或借鉴，故不同学科实践之间又具有跨学科性与联系性。

第四，学科实践体现了学科专家的工作方式。学科实践即学科知识的产生与发展过程和方式，它是在特定社会历史条件下，以学科专家为主体所创造的，经过哲学家、历史学家、社会学家和心理学家等专业群体不断研究、反思而得以完善，又经过广泛的社会应用而得到检验与发展。如果说在农耕文明和工业文明时代只有少数学科专家从事学科实践的话，在当今信息文明时代，从事学科实践、发展学科智能则是对每一个信息时代公民的基本要求。"旧时王谢堂前燕，飞入寻常百姓家"，创新时代与知识社会要求人人从事学科实践。

第五，学科实践可转化为学生的学科学习方式。所有学科实践，只要根据学生的年龄特征和个性特点加以创造性转化，即可成为学生的基本学科学习方式。任何年龄阶段的任何学生，均可通过亲自从事学科实践而学习学科。如果学生被剥夺了亲自从事学科实践的机会，他们既不能理解学科性质，又不能理解学科知识与观念，还不能产生学习学科的内在兴趣，更无法发展学科实践能力。美国《K—12科学教育框架》指出，让学生"实际开展科学或工程活动，能够激发学生的好奇心，发展其兴趣并使其后续学习充满动力"，"任何教育，倘主要聚焦科学劳动的详尽产品即科学事实，而未去深入理解这些事实是如何确立的或忽略科学在世界中的重要应用，则会歪曲科学并使工程的重要性边缘化"。（National Research Council, 2012）[43]由此观之，让学生通过亲身从事学科实践来学习学科，已然成为学科教育发展的重要趋势。

学科实践是理解学科核心观念的内在要求。知识的本质是观念，观念的本质是实践。人并不是作为旁观者通过静态地"反映"世界而认识世界的，恰恰相反，人是作为参与者通过对世界做出选择和改变而认识世界的。一切认识对象都是行动或实践的结果，而不是预先存在的。改变世界是认识、理解世界的前提。理解本位的认识论必然蕴含着"实践本位的认识论"。人并非盲目地改变世界，而是在观念的指导下行动。观念既源于实践，又指导新的实践。观念即人的实践或操作行动的计划、假设或指导。"行动处于观念的核心。……它揭示出认知本身就是一种行动；它是不断前进地和稳妥可靠地使自然存在具有明白意义的唯一的行动。"（杜威，2004）[167]实践或操作行动是对假设的验证过程或观念的实现过程，也即人创造世界的过程。"用所从事的操作去界说观念的性质和用这些操作所产生的后果去检验这些观念的有效性，……于是思维便显然有了创造的可能性。"（杜威，2004）[133]

由此观之，一切学科知识或观念都是学科实践要验证的假设或指导学科实践的手段。一切学科实践都是学科观念的创造与实现，并由此实现生活世界的创造与改变。离开学科观念，学科实践就是盲目的；脱离学科实践，学科观念就是空洞与虚妄的。学科观念与学科实践的融合是学科知识的创造和发展过程，也理应成为学科教育要坚守的基本原则。

学科实践是发展学科核心素养的必要条件。作为高级能力的学科核心素养由两个相互联系、内在统一的核心构成，即学科理解力与学科实践力。唯有通过对学科观念的探究、使用、实践，才能发展学科理解力。那种先内化学科知识和训练学科技能，然后再去应用知识和技能的做法，则恰如将马车放在马的前头一样本末倒置了。学生只有亲自从事学科实践，才可能发展学科实践力。

回溯教育思想史，杜威在《我们怎样思维》这部名著中将教育过程植根于"反思性思维"，即学生真实的探究或问题解决过程。他认为，将获取知识、技能本身当作教育的目的是错误的，唯有将知识、技能作为探究或"反思性思维"的副产品，才不会损害学生的智慧。"唯有通过智慧获得的技能，才是由智慧自由支配的技能；唯有在思维过程中获得的信息，……才是能够付诸逻辑应用的信息。"（Dewey，2008）[163] 杜威在其知识论名著《确定性的寻求》中系统分析了知识与行动分离、理论与实践割裂的哲学与社会根源，指出"智慧行动是人类在一切领域内唯一最后的方法"（杜威，2004）[255]，教育必须通过智慧行动去发展学生智慧。他批评道："在教育过程中所采取的主要方法仍然是传授既定的结论而不是发展智慧。……只要知识与实践继续这样分隔着，这种目标分裂和精力分散的情况就会持续下去，而教育是一个典型的事例。"（杜威，2004）[255-256] 在当今信息时代，实践已然变成"知识的实践"，知识与实践的分离已不复存在。教育理应建立在智慧实践、学科实践之上。

布鲁纳继承并发展了杜威让教育过程植根于思维或探究的思想。他在《教育过程》一书中确立了一个中心信条："任何地方的智慧活动都是同样的，无论在知识前沿，还是在三年级的教室里。"（Bruner，1977）[14]这个信条显然让任何年龄阶段的任何儿童，与学科专家并列站在了一起。他进一步写道：

> 一个科学家在其书桌前或实验室所做的事情，一个文学评论家在阅读一首诗时所做的事情，与任何其他人在从事类似活动时所做的事情，拥有同样的秩序，如果其目的在达成理解的话。其间的差别只是程度上的，而非种类上的。一个学习物理学的学童就是一个物理学家，而且他学习物理时像物理学家一样去行动，要比做其他事情容易些。（Bruner，1977）

布鲁纳很可能是教育思想史上第一次明确提出"为理解而教"、让学生像学科专家一样去思考和实践的教育改革家。杜威是通过找到理论的实践根源、知识的行动根源而确立了"实践知识论",并积极借鉴了科学实验的"智慧行动"本质,由此在知识论领域实现了民主与科学的统一。这是杜威的伟大贡献。布鲁纳则是通过确立学校儿童和社会实践者(即不以学科研究为职业而从事社会某一行业的人)与学科专家在思维、理解或探究性质上的共同性,由此实现前者向后者的回归,并使教育在民主的基础上走向卓越。我们又一次发现了双向融合——理论与实践、知识与行动的双向融合。在知识激增且日益强调专家思维、专家知识的信息时代,布鲁纳的学科实践思想同样闪耀着时代精神的光辉,并可成为杜威"实践知识论"的有益补充。

总之,知识+实践=素养。只有将学生的学科学习转化为学科实践,才有可能发展学生的学科素养。

二、信息时代的学科教育

当前以发展学生的核心素养为目标所进行的基础教育课程改革,标志着我国教育迈入新时代——信息时代。构建信息时代的学科教育,发展每一个学生的学科高级能力和人性能力,培养信息时代的新人,是我国教育发展的长远任务。当前,学科教育改革至少需要做到以下几方面。

第一,超越"间接经验论",让学科教学建基于学生的直接经验与真实探究。我国学科教育界长期秉持"间接经验论",即认为学生以学习各门学科中的间接经验或现成知识为主,学生既不需要直接探究学科,也不需要直接探究现实世界,而是通过掌握现成知识而间接地认识学科、认识世界。这就使学生(以及教师)的经验依附在别人的间接经验之上,过寄生性的学习生活。由此导致的结果是,学生不仅丧失了独立思考和判断能力,而且泯灭了自由人格。学生经年累月地接受着、被训练着得出学科结论,但从未真正经历过这些结论的产生过程,也就从未接触过真实的学科,从而无缘发展学科思维与理解。重建学科教育的关键是超越在我国已延续了70多年的"间接经验论",让教学成为每一个学生真实的学科探究;将所有固定学科结论转化为学科问题情境,让学生在直接经验的基础上亲身经历学科知识的诞生过程;让每一个学生的学科学习变成像学科专家那样去思维和实践的过程。

第二,超越"双基论",让学科教育指向发展学生的核心素养。我国学科教育长期把基础知识、基本技能视为重要目标,并认为学生知识扎实、技能熟练是我国教育的特点与优势。因上海参加"国际学生评估计划",学生成绩优异,又有人重提并大力倡导"掌握教学"。"双基论"的问题不在于重视了知识技能,而在于误解并扭曲了知识本质。它把知识视为一堆等待掌握的学科事实或真理,把技能看作一套等待熟练掌握的规范体系,教学自然变成灌输与训练。学生由此获得的就是"惰性知识"与"机械技能",对核心素养的发展非但无益,反而有害。仅仅补充点"基本思想"或"基本活动经验",而不根本改变"双基论"本身,于事无补。解决问题的根本出路在于让学科教育超越"双基论",走向"核心素养观"。知识在创造中学习才能形成素养,技能在实践中使用才能化为能力。学生需要在学科创造中长大,而不是长大了才去创造。学生通过学科创造而发展核心素养,是学科教育的根本目的。

第三,超越固定知识体系,基于学科核心观念重构课程内容。我国学科教育长期秉持"事实本位知识论",认为学科的本质是学科事实或真理,学生掌握的事实越多,则发展越好。每一门学科都应致力于让学生尽可能早、尽可能多地掌握学科事实。为达到此目的,就需要以学科事实为基础编制学科知识体系。数学、自然科学、社会科学等结构性强的领域率先形成自己的逻辑体系,而语文、艺术、体育等结构性弱的人文学科则仿照数学、自然科学等编制自己的知识体系。这就形成了以学科事实为基础的学科逻辑,并建立起每一门学科自己的历史传统,代代相传。这种"事实覆盖型知识体系"不能发展学生的学科理解,或至多发展浅表而幼稚的理解,因为学生从未对学科进行过深度探究。摆脱困境的根本出路是转变知识观:摒弃事实本位的学科观,走向理解取向的学科教育。对任何一门学科而言,均需选择"少而重要"的观念即学科核心观念（学科大观念），作为学生探究学科与世界的基本智力工具，并使每一个观念与其他观念建立尽可能多的联系，由此形成"观念为本的课程内容"；让每一个学科核心观念均与真实问题情境相联系，形成各种探究主题，帮助学生在主题探究过程中运用学科核心观念，通过对主题的深度探究而发展学科思维与理解；对每一个学科核心观念及相应探究主题，要根据学生不同年龄阶段的发展特点和需求进行纵向连续设计，即基于学习进阶理念而设计，使每一个学生的学科思维与理解能够前后相继、螺旋式发展。

第四，让学科课程实现学科世界与生活世界的双向融合。一方面，指向核心素养的学科课程首先强调学科的生活意义，让学科融入生活世界。学科即生活，而不是未来生活的准备。学生置身其中的真实生活情境是学生探究、理解、运用学科核心观念最好、最有意义的问题情境。因此，学科课程需要让每一个学科核心观念与学生的生活世界建立起真实、内在和有机的联系。另一方面，信息时代的学科课程还需要强调生活的学科意义，让生活融入学科世界。日常生活世界中各种最普通、最熟悉的事物、现象、事件等，只有上升到学科观念去理解、运用学科思维去探究，由此成为学科观念这种"一般事物"的一个例子，它们才能变成发展学生学科核心素养的课程资源。只有当学生学会自由运用学科观念和思维理解生活、解决生活问题，才能在最熟悉不过的日常生活中脱颖而出、摆脱平庸、实现创造。总之，学科世界与生活世界、学科意义与生活意义的双向融合，是信息时代学科课程的基本写照。

第五，让学科教学建基于学科实践与生活实践的双向融合。指向核心素养的学科教学是实践取向的教学。首先，一切社会职业实践与社会生活实践是学科知识产生和发展的永恒基础，学生的学科实践必须融入火热的生活实践之中，以确立学科实践的价值基础和意义源泉。其次，由于信息时代每一个人必须学会专家思维、拥有专家知识才能更好地迎接时代挑战，学生需要将生活实践融入学科实践，学会像学科专家一样反思生活实践，真正将社会职业、社会生活以及个人决策转化为基于学科思维的智慧行动。

总之，信息时代的学科教育是崇尚学科理解、创造与实践的教育。每一个学科教师需要实现学科研究者与学生研究者两种角色的统一。每一个学生则需要将学科学习转化为学科探究与创造，并由此发展核心素养。一切知识、技能的熟练都是学科探究与创造过程的副产品。

三、学科实践教学的基本要求

在当今核心素养时代，走向学科实践教学，需要做到以下几个方面。

（一）确定学科实践

每一门学科都有相对独立的"做"学科的方式，该方式构成本学科独有的学科实践。这里的"做"既包括学科研究实践，又包括学科应用实践。这里的学科既包括数学、科学、历史、地理等内容性学科，也包括语文、外语、艺术、体育等内容灵活的过程性学科，还包括各类社会职业如医学、商科、律师等。学科具有广义性。

教师要充分研究课程标准中核心素养、学业质量标准和本课程着力倡导的学习活动。核心素养具有过程性，本身蕴含着学科实践的要素，如科学中的探究实践、历史中的史料实证和历史解释、地理中的地理实践力、艺术中的创意实践等；学业质量标准是课程核心素养的表现标准，不仅表明具体学科实践的表现要素，而且呈现素养表现的发展进阶，因此，学业质量标准是学科实践的具体化；各门课程倡导的学习活动是转化为学生的学习表现或学习行为的学科实践，应成为日常教学过程中学生的主要学习方式。由于学科实践会随时代进步而不断发展变化，学科专家和学科教育专家对学科实践的认识也存在分歧，因此，教师在确定学科实践时既要尊重自己的专业风格，又要满足学生的个性化发展需求，有所侧重地选择典型学科实践，并将之转化为学生学习学科的方式。又因为每一个学科专家有从事学科实践的个人方法和风格，如爱因斯坦和费曼（Richard Feynman）研究物理学的方法与个人风格存在显著差异，因此，教师要鼓励学生在从事学科实践时发挥自己的创造性、想象力和个人风格，避免将学科实践变成划一的机械操作程序。

（二）确定跨学科实践

将两种或两种以上的学科实践结合起来，解决真实问题，形成跨学科理解的实践，即跨学科实践。例如，STEM实践就是信息时代以"设计思维"为核心的典型跨学科实践；STSE（科学—技术—社会—环境）实践是20世纪八九十年代以后迅猛发展的科学研究和科学教育思潮，它针对科技发展所带来的一系列诸如环境污染、气候变暖、生态破坏等全球问题，旨在培养人的科技责任意识和生态伦理精神，促进社会可持续发展。

跨学科实践既是发展核心素养的要求，又是培养学生批判意识和自由人格的需要。由于核心素养是面向真实情境、解决复杂问题的高级能力与人性能力，大多数真实情境中的复杂问题都需要跨学科实践才能解决；由于人的批判意识和自由人格需要跨越学科边界、不带功利、基于内在价值和责任意识去思考和行动，这就需要学生从小在从事跨学科实践中发展跨学科意识。

在我国《义务教育课程方案（2022年版）》和各学习领域课程标准中，规定用不少于10%的课时设计跨学科主题学习或跨学科实践，这就是转化为学生的学习活动的跨学科实践。教师要善于将课程标准中的相关规定、要求和建议因地制宜，结合所在地域社会经济、职业、文化和自然环境的特点，转化为适合学生发展特点和需求的不断生成的跨学科实践。除此之外，要将跨学科意识渗透于整个课程与教学过程中，处理好10%和90%的关系，既充分发展学生的学科思维，又指向学生跨学科意识、批判意识和自由人格的发展，防止让跨学科主题学习与学科学习成为"两张皮"。具体做法是在教学过程中，对每一个单元主题既提出学科关键概念，又提出跨学科关键概念，根据跨学科关键概念的理解要求，随时生成跨学科主题学习，让跨学科实践有机融入学生的单元主题探究过程之中。

（三）设计真实表现性任务

针对特定单元主题和相应的核心素养目标，将所确定的学科实践与跨学科实践转化为学生要实际完成的任务，由此形成真实表现性任务。走向学科实践的课堂教学类似运动员完成一场比赛、钢琴家演奏一次钢琴、诗人作一首诗、科学家完成一次实验、临床医生做完一个手术、律师打完一场官司等，即让学生在真实情境中完成一个"产品"。"表现"即"产品"：或是一项物化的、可触摸的物品，或是一个可展示的"表现过程"（球赛、歌舞表演等）。学科实践即基于学科大观念的行动过程。学科表现即学科实践的具体化、学科大观念的物化或实现。让学生在表现理解中发展理解力，是学科实践的本质。

所谓真实表现性任务，即学生围绕理解学科大观念的目标，置身真实情境，以某种角色，面对或真实或模拟的受众，完成一个可公开展示的"产品"，并预先被告知"产品"的评价标准。（Wiggins et al., 2005）[157]学生在完成表现性任务的过程中，可随时根据评价标准进行反思、评价与改进。真实表现性任务可区分为两类：第一类是一个单元主题学习完成之后的单元表现性任务，是单元概念性理解及核心素养的整体展现，是本单元的表现性评价，也为后续学习打下基础；第二类是单元主题学习过程中不同探究活动的表现性任务，可称为学习活动表现性任务，是构成单元表现性任务的系列子任务，子任务由浅入深累积构成单元表现性任务。真实表现性任务的完成过程既是教学，又是评价，是课程、教学与评价的三位一体。

（四）创建学习共同体与实践共同体

学科实践是一种协作进行的智慧行动，是个人性与社会性的统一。一切发现都是发明。所有发明首先是个人的发明，是个人思想的物化或实现。但个人不是抽象的、原子化的，而是永远置身情境与社会关系之中的。个人的发明不仅以文化传统为基础，还需要与他人合作并得到同行和社会的认可。因此，学科实践是一种"协作性实验"。

学科实践教学首先需要改变传统班级授课制，走向学习共同体。所谓共同体，即"成员有不同的兴趣，对活动做出各种贡献，并持有多样的观点"。（Lave et al.，1991）[98]因此，共同体就是尊重差异基础上的交往群体。学习共同体意味着学生根据不同学习活动和表现性任务的需要，按照"组内异质、组间均衡、灵活分组"的原则，形成学习小组，协作开展探究活动，完成表现性任务。其次，学科实践教学还要求将传统教室转变为实践共同体。实践共同体理念的创始人莱夫和温格（Etienne Wenger）写道，"实践共同体是人、活动和世界之间建立的一组关系"，"实践共同体是知识存在的一种内在条件，尤其因为它提供解释性支持，这是使传统产生意义的必要条件"。（Lave et al.，1991）[98]实践共同体是围绕一个学科性或职业性实践活动，由人和世界构成的活动主体。在实践共同体中，"新来者"通过合法地、边缘性地参与到"老前辈"的实践中而学习。这就是情境学习。真正的学习不是口耳相传式的传递性学习，而是这种师傅带徒弟式的情境学习。学生的学习即"合法性边缘参与"的过程。走向学科实践教学，需要让每一个学科领域或跨学科领域植根于实践共同体中，通过实验室或功能教室的方式建立空间场域，让教师成为专家、师傅和教练，让学生成为新手、徒弟和"工作者"，由教师指导学生完成一个个真实表现性任务，由此发展学生的学科理解力、学科实践力等核心素养。通过实践过程，让学生成为世界的行动主体和意义创造者。一如莱夫和温格所言："如果人既是共同体的成员又是活动主体，人的概念就与意义和在世界上行动紧密联系在一起。"（Lave et al.，1991）[122]

由此观之，核心素养理念将使我国课堂教学进入一个新境界——实践教育学，教师与学生将由千百年以来的"授受者"转变为在世界上智慧行动并创造意义的"实践者"。

第七章
跨学科学习：
为理解而学，为生活而学，为学科而学

——

"综合育人"是本次义务教育课程改革倡导的主要原则之一。《义务教育课程方案（2022年版）》指出："加强课程内容与学生经验、社会生活的联系，强化学科内知识整合，统筹设计综合课程和跨学科主题学习。""各门课程用不少于10%的课时设计跨学科主题学习。"走向跨学科学习以有效发展学生核心素养，是本次课程改革的显著特色。

一、跨学科学习的时代背景

信息时代即信息通信技术得到广泛应用和普及的时代。由于人是制造和使用工具的存在，一种新工具的使用必然影响时代精神的变迁。对信息时代所创造的新文明——信息文明，既不能忽视，也不可夸大，还不能误用。麻省理工学院教授乔姆斯基（Noam Chomsky）在接受记者采访时说道，今日的技术革新及其社会影响并不比当年发明航海技术、工业技术时更大些，许多发明都是从他所工作的教学楼里出去的，其社会影响还有待进一步观察，故不可过分夸大信息技术的作用。信息技术对人的发展的负面影响也是前所未有的。这就是西方课程理论界以派纳为代表的一批人文学者不遗余力地批判信息技术的负面作用，而且身体力行，拒绝使用手机等电子产品的原因。任何技术都是"双刃剑"，倘被误用，技术越先进则其负面作用越大。当前我国教育理论、实践与决策界的技术崇拜现象只会让以应试教育为代表的诸多问题雪上加霜：通过行政拨款购买时髦技术产品，用创新设备代替创新本身，用更换现代化设施充当教育现代化改革，对一百年以前就已陈旧过时的教育观念、制度、体制、文化的深层变革却讳莫如深。

目前来看，信息时代已然展露下列特征：第一，不仅知识或观念转化为商品的速度大大提高，而且知识或观念本身变成了商品。社会变成了知识社会，经济变成了知识经济。产生了新观念，在某种程度上就是创造了新职业、新生活和新社会。世界正在变成知识的世界、观念的世界。是谓知识本位。第二，创新与创造，由少数精英人物的"专利"变成一种大众精神、行为与文化。以简单性、重复性为特点的常规认知工作与常规手工劳动，正在被编程计算机或人工智能所代替。人必须胜任以创新和创造为特点的职业生活与社会生活，方能更好地迎接这个社会的挑战。创新与创造既是权利，又是义务——在一个日新月异的时代，每一个人都有义务去过创新与创造的生活。是谓创新驱动。第三，信息技术让全球公民的复杂交往与协作成为可能。不同种族、民族、宗教信仰、社会制度、意识形态背景的人一起工作、生活，欣赏差异、包容异己、学会交往、善于合作，诸如此类的"人际智能"和"自我智能"成为"全球公民"或"数字公民"的基本素养。是谓全球化。

时代精神铸造教育精神。知识本位、创新驱动、全球化等 21 世纪特征或精神必然带来教育目的、内容和过程的深层变革。"知识本位"让教师和学生的观念登场。"创新驱动"让教育植根于创造之上。"全球化"呼唤学生学会复杂交往。

因此，信息时代即创造力爆炸时代：人人都是创造者，世界在创造中发展，创业精神成为社会的首要精神。由于信息技术日益广泛和深入的使用，人人都成为创造者不仅是必要的，而且成为现实与可能。这在人类史上是第一次。创造力和创业精神成为信息时代的最高核心素养之一。为促进人的创造力和创业精神的发展，跨学科学习成为世界中小学和大学教育改革的重要内容和发展趋势之一。

二、跨学科学习的内涵

跨学科既是一个涉及所有学科领域的学术史与学术研究问题，又是一个特殊的教育问题、课程与教学问题。前者一般称为跨学科研究（interdisciplinary research），后者一般称为跨学科学习（interdisciplinary learning）。

尽管作为一种思想或理念的跨学科源远流长，可追溯至中国先秦时期的哲学思想和西方的古希腊哲学，但作为一个特殊的知识领域却直至 20 世纪下半叶才正式确立起来。美国研究跨学科问题的重要学者克莱因（Julie T. Klein）写道："自 19 世纪末开始，西方理智传统中的知识分类学即由划分为专门探究领域的分科体系所主导。然而自 20 世纪后半叶开始，分科体系受到挑战并被日益增多的跨学科活动所补充。"（Frodeman，2010）[15] 第一本重要的跨学科代表作诞生于 1972 年，这便是由埃普斯特尔等人主编的《跨学科：大学教学与研究问题》。本书源于由经济合作与发展组织联合赞助并于1970年在巴黎召开的国际会议所编的论文集。时任国际教育局局长的皮亚杰参加了此次盛会并提交了《跨学科关系的知识论》论文，推动了跨学科运动。晚年的皮亚杰在接受访谈时多次批评大学的院系割裂现象，认为这是阻碍知识创造和大学创造性人才发展的体制根源之一。皮亚杰本人是跨学科研究的典范，他将生物学、数学、哲学、心理学、教育学等领域紧密融为一体，由此在发生认识论、儿童心理学、教育学等领域做出了划时代贡献。2010年，经过长达10年的努力，《牛津跨学科手册》正式出版，标志着国际跨学科运动发展到新阶段。总之，跨学科既是一种知识与生活、科学与人文、不同学科领域之间彼此融合的价值追求与时代精神，又是一种强调互动建构、合作探究知识的学科研究的知识论与方法论。

在教育领域，由于教育问题和学生发展的综合性，跨学科或课程整合的理念与实践诞生并确立的时间要早些。据研究，英国哲学家斯宾塞（Herbert Spencer）于1855年就将"整合"（integration）确立为心理学的重要原则，而美国哲学家詹姆士（William James）于1896年也将"整合"写入《心理学原理》第一卷中。而教育学者伯特兰（Alexis Bertrand）更是于1898年提出了整合教学（integrated instruction）理论。（Klein，2005）跨学科学习或课程整合的正式确立者当为赫尔巴特（Johann F. Herbart）及其弟子齐勒（T. Ziller）等人。他们在启蒙运动和启蒙理性的背景下，以学生的道德或意志自由为中心，将各门学科关联、统合起来，确立了所谓课程整合的"相关原理"（doctrine of correlations，强调学科之间的"自然联系"）或"中心原理"（doctrine of concentration，强调围绕"中心"统合课程）。在20世纪初的进步教育运动或教育民主化运动中，跨学科学习与课程整合获得了新的生命力且有了新的发展方向。以杜威、克伯屈（William H. Kilpatrick）、陶行知为代表的民主教育思想或生活教育思想，从根本上超越了赫尔巴特主义，让跨学科学习与课程整合建基于教育民主的理想，实现儿童经验、社会生活和学科知识的融合，植根于探究学习与项目方法。这为跨学科学习与课程整合指出了永恒的方向与愿景。（张华，2001b）在如今的信息时代，跨学科学习与课程整合成为培养"21世纪素养"的重要举措，日益成为"协作式问题解决"的过程，与深度学习、项目学习融为一体。

何谓跨学科学习？美国哈佛大学"零点项目"的首席专家鲍克斯·曼斯勒（Veronica Boix Mansilla）将之界定如下：

> 跨学科学习是个人和群体将两个或两个以上学科或已确立的领域中的观点和思维方式整合起来的过程，旨在促进其对一个主题的基础性和实践性理解，该理解超越单一学科的范围。……跨学科学习者将信息、资料、技术、工具、观点、概念和源自两个或两个以上学科的理论加以整合以创造产品、解释现象或解决问题，所运用的方式是单一学科的手段不可能做到的。（Frodeman, 2010）[289]

这里的核心观点是：通过跨学科学习促进学生的跨学科理解。所谓跨学科理解，就是运用多个学科的观念与方法解决问题、形成解释、创造产品。

鲍克斯·曼斯勒的观点深深影响了国际文凭组织的课程建设。该组织是目前世界范围内倡导跨学科学习的主要机构之一。它给出的定义是："跨学科学习是这样一个过程，即学生对两个或两个以上学科或学科组的知识体系和认识方法产生理解，并对它们加以整合，从而创造出新的理解。"（国际文凭组织，2014）国际文凭组织进而指出跨学科学习的三个特点，这也构成衡量一项课程或活动是否真正是跨学科学习的三个标准。（国际文凭组织，2014）

第一，它以产生跨学科理解为目的。在真实的问题情境中，当任何单一学科无法解决一个问题时，就需要运用两种或两种以上学科的观念与方法解决它，并由此产生新的理解。跨学科学习不是几门学科的简单叠加或机械混合，而是通过学科整合而诞生新的理解——跨学科理解。"整合各学科的观点本身并不是目的，而只是加深学生对周围世界的理解，并帮助他们增强理解能力的一种手段。""当跨学科方面的努力目的不够明确时，就很可能出现臆造的联系和零散的学习。"（国际文凭组织，2014）在实践中，跨学科学习面临的主要问题或挑战是缺乏真问题、没有新理解，由此导致臆造的学科联系和散乱的学习过程，致使学生学习态度散漫、兴趣分散、思维肤浅。这种所谓的跨学科学习对学生发展非但无益，反而有害。

第二，它植根于学科思维。跨学科理解与学科思维互为前提、相辅相成。唯有具备跨学科视野，学生对一门学科的理解才能不断深化。唯其植根于学科思维，运用相关学科的观念与方法，跨学科理解才能产生并发展。"忽视学科文化的课程整合必将导致肤浅的教学计划，对任何学科都无意义。"（Wineburg et al.，2000）[58] 真正的跨学科学习强调：（1）学科思维的充分应用；（2）让学生像学科专家一样去思考。是否深度运用学科思维，是检验跨学科学习质量的又一标准。

第三，它实现学科整合。每一个学科都是理解世界的一种独特的思维方式，不同学科构成理解世界的丰富性与多样性。但由于世界本身存在内在联系，不同学科之间也有可能建立内在联系。岩石、树木、诗歌、社会关系彼此之间的差异显而易见，矿物学、植物学、文学、社会学必然存在差异。但是，树木生长离不开岩石与土壤，诗歌可以讴歌树木与岩石，社会关系的建立又受到自然环境的影响，因此，不同学科之间存在整合的基础。跨学科学习需要根据不同问题情境的需要，将各学科的观念和思维方式基于其内在联系实现整合，由此帮助学生创造性解决问题、发展理解力。仅仅围绕主题将不同学科知识杂乱无章地罗列出来不叫跨学科学习。跨学科的核心是学科内容的整合与情境化。"跨学科学习要求教师和学生整合各学科的观点，并使他们的整合工作目的明确、富有成果。"（国际文凭组织，2014）

由此观之，跨学科学习是整合两种或两种以上学科的观念、方法与思维方式以解决真实问题、产生跨学科理解的课程与教学取向。它具有目的与手段的双重特性。从目的意义看，它旨在培养学生的自由人格、跨学科意识和创造性解决问题的能力。从手段意义看，它是选择、综合各种信息、知识、手段、方法以解决复杂问题的策略，以及将学科知识情境化的策略。产生跨学科理解、运用学科思维、实现学科整合是跨学科学习的基本特点和判断标准。是谓"理解本位跨学科学习"。

三、跨学科学习的类型

由于学科知识的日益增长,个人问题、社会问题和自然环境日益复杂化,无论是一般学术领域中的跨学科研究,还是教育领域中的跨学科学习,其类型日益复杂多样。对世界的理解是多元的,因而学科发展是开放的;理解世界的方式是互动、协作的,因而学科之间是互动、整合的。

为促进学术研究和教育创新,跨学科分类学已成为一个专门课题,所获得的结论也极其丰富。总结既有研究成果,着眼于发展学生的跨学科理解力和教师的跨学科课程创造,我们可依据学科之间的整合程度和特性,将广义的跨学科学习区分为三类:多学科学习、跨学科学习(狭义)与超学科学习。

(一)多学科学习

所谓多学科学习,即保留学科界限,用多个学科的视角、观念和方法,探究一个问题或主题,由此发展多学科理解。不同学科之间可以并列关联,亦可先后关联,以探究问题或主题为核心实现学科知识的情境化。多学科学习的特点是:既保持学科原有的逻辑体系,又能在学科之间建立联系;既发展学科理解,又发展跨学科理解。只要存在两种或两种以上的学科,就有可能走向多学科,因而它设计起来相对容易。其不足之处在于学科之间整合不够充分,跨学科理解的发展也自然受到限制。

就学校课程体系而言,只要学生的抽象思维发展到一定阶段,或用皮亚杰的话说,学生的认知水平到达形式运算阶段,学生就可以探究学科逻辑、发展学科理解。只要学生开始探究学科逻辑,就可以同时从事多学科学习、发展多学科理解。因此,多学科学习可以自初中阶段开始,一直持续到大学和研究生阶段。

在我国教育体系中,由于学科之间的联系机制和制度尚未建立,教育者的多学科意识淡薄，严重阻碍了教育的创新和学生多学科理解力与创造力的发展。

（二）跨学科学习

广义的跨学科学习涵盖所有学科整合的方式与形态。狭义的跨学科学习是指将两种或两种以上的学科融合起来，模糊其学科界限，生成新的跨学科逻辑，进而探究问题或主题，发展学生的跨学科理解。如我国基础教育课程体系中的艺术即音乐、美术、戏剧、舞蹈等学科围绕主题而展开的设计，从小学持续到高中；科学则融合了物理、化学、生物、技术等领域，自小学一年级持续到九年级；道德与法治融合了哲学、文化学、政治学、经济学、社会学等内容，从小学持续到高中。国际文凭组织中学阶段典型的跨学科课程包括科学、人文（含经济学、地理学与历史学）、设计（含数码设计与产品设计）、表演艺术（含音乐、戏剧和舞蹈）、视觉艺术（含视觉艺术与媒体）等。像高等教育领域的生物信息学、物理化学、社会心理学、政治社会学等，亦属跨学科课程。

跨学科学习的显著特点是：它使部分学科的界限消失，由此深入探究问题、理解世界。它不仅体现了学科发展的综合创新趋势，而且在培养学生的跨学科理解力和综合创造力方面迈出重要步伐。它面临的最大危险是容易导致"学科拼盘"、零散学习和肤浅思维。避免这种危险的基本出路是：根据学生的年龄特点和学科特点，聚焦真实问题，持续开展基于项目的跨学科深度学习，让学生在发展跨学科理解力的过程中运用学科思维，实现学科理解与跨学科理解的互惠双赢。

（三）超学科学习

所谓超学科学习，即超越或跨越所有学科的界限，围绕共同的超学科主题展开探究，将所有学科在探究过程中融合起来，在解决问题的过程中发展学生的超学科理解。它是所有跨学科学习中综合程度最高的类型。在我国基础教育课程体系中，自小学一年级至高中三年级持续开展的综合实践活动课程就是典型的超学科学习：它基于学生的真实需要和生活经验，从人与自我、人与社会、人与自然三大生活领域选择有价值的探究和活动主题，让学生将所有学科知识融合起来，运用学科思维解决问题、形成解释并创造产品，由此发展生活理解力与创造力。（张华，2017）在这里，学科界限消失了，超学科理解力和生活创造力得到前所未有的发展。

超学科学习的特点是所有学科的边界消失，学科整合程度高，学科创造能力强。在这里，课程、教学与学习的教育价值得到最高体现。但超学科学习也存在风险，那就是漠视学科思维和学科价值，让超学科沦为非学科、反学科，由此让探究流于简单化与常识化。超越这种风险的基本策略是：让学生在探究超学科主题的过程中，对内运用学科思维，向外形成物化产品。

在幼儿园和小学阶段，由于儿童的经验尚未分化，抽象思维和逻辑思维尚在形成过程中，这个阶段宜以超学科学习为主，这是通行的国际惯例，如国际文凭组织的小学、幼儿园阶段课程就以超学科主题课程为主。伴随儿童年龄的增长，可逐步增加多学科学习与跨学科学习，同时辅以超学科主题探究。当人进入职业世界和社会生活后，超学科学习的比例则会增加，同时辅以多学科与跨学科探究。这可能就是人的终身学习的大致轮廓。

四、跨学科学习的哲学基础

分科主义课程观是启蒙理性与工业文明的产物。世界由缺乏内在联系的、彼此孤立的部分所组成，这些部分可以分别被认识，认识的目的是控制，控制的标准是整齐划一的产品规格，控制的手段是工厂加工，这就是启蒙运动以后持续近三百年的"技术理性"的基本写照，其本质是人基于规律或规则对世界的技术控制。在技术理性的视域中，世界是原子化的，认识是分析式的，知识是碎片化的。知识由零散的、孤立的、正确的学科事实所构成。性质相近的学科事实构成一个独立的学科。不同学科彼此分离，一门学科的不同事实也相互孤立，因为作为"正确信念"的知识，其"正确性"是分别而孤立地获得保证的。这就是分科主义课程观的由来。启蒙运动及随后的工业化运动是分科主义的社会历史背景。技术理性及相应的控制取向是分科主义的价值论基础。分析思维与事实本位是分科主义的知识论基础，科学原初的含义是"分科之学""事实之学"。掌握学科事实、记忆学科信息、训练学科技能则是分科主义的方法论基础，因为既然学科事实是正确、客观的，就无须花费时间再行探究，将之作为间接经验直接掌握即可。分科主义必然导致分科式学习：课程按照学科种类分门别类去设计；学科的重要性依据特定时期的社会需要和实证主义者孔德提出的"学科等级"来分配；一门学科的设计以尽可能多地覆盖学科事实为目的；教学则垒砖块或搭积木般被切割为不同课时，按顺序教授学科事实；学习则是分门别类接受学科事实。这种基于分科主义课程观的"分科式学习"，诚如杜威一百多年前所批评的那样，学生的心灵变成储存学科知识的"蓄水池"，教师则是灌输学科知识的"水泵"，其结果必然使教学远离思维，导致心灵的被动性。这种被动性"泯灭好奇心，滋生心灵散漫，使学习沦为一项任务而非一种快乐"。（Dewey，2008）[327]

信息时代让分科主义课程观的理论基础不复存在。（1）关系哲学代替实体哲学：世界由关系而非原子般的实体所构成。跨越边界且无处不在的信息洪流让我们置身于关系之网中，源远流长的关系哲学在信息时代获得新的内涵。（2）解放理性代替技术理性：超越技术控制，走向人的自由与解放。信息技术为人的自由与解放提供了前所未有的便利，但同时存在技术理性膨胀的危险，倡导解放理性变得尤为必要与紧迫。（3）理解取向的认识论代替事实取向的认识论：知识的本质是人对世界永无止境的理解，而不是学科事实的获取与积累。信息时代知识与信息不仅急剧增长，而且快速更新与过时，教育以掌握尽可能多的学科事实为目的不仅断无可能，而且毫无必要。（4）创新与创造的方法论代替记忆与训练的方法论：教育方法即知识发现、创造与发明的方法，探究、思维、理解、应用等学科实践本身变成课堂教学过程；以死记硬背、机械训练、题海战术、外部强化、外部评价等手段获取知识技能不仅无益、反而有害，因为由此获取的知识是不能运用的"死知识""惰性知识",由此培养的人具有惰性心灵和奴化人格。信息时代即搜索引擎时代,当浩如烟海的学科事实可以在瞬间搜索、获取的时候,用心灵去思维、用智慧去创造、让知识技能的掌握成为探究创造的副产品,就成为最基本的教育方法论。

在这种时代精神和理论诉求转型的背景下,诞生于19世纪上半叶赫尔巴特主义思潮下、兴盛于20世纪初北美进步教育运动和欧洲新教育运动中的跨学科学习重新兴起,并获得新的内涵与价值。

跨学科学习既是一种以跨学科意识为核心的课程观,又是一种融综合性与探究性为一体的深度学习方式,还是一种以综合主题为基本呈现方式的特殊课程形态。

首先,跨学科学习以培养具有跨学科意识的自由人格为宗旨。跨学科学习在本体论上主张关系哲学,价值论上倡导解放理性。世界处于关系中,实在处于过程中。分门别类的学科既不是静止的,也不是彼此孤立的。学科永远处于演进与发展之中。每一门学科尽管具有领域独特性与相对独立性,但不同学科之间相互影响,学科与生活相互依存。受过学科教育的人一方面应当拥有专家知识,即在一个或几个学科领域拥有专家思维、富有专业性,另一方面,还能够突破学科边界去思考,具有跨学科意识、批判性思维、文化素养和自由人格。一百年前怀特海在谈到教育目的时曾说过,要将学生的专家知识与文化素养化为一体:"他们的专家知识为其提供人生起航的基础,他们的文化素养将引领其走向哲学的深度和艺术的高度。"(Whitehead,1929)[1] 超越分科主义,走向跨学科意识,将专家知识与文化素养有机融合、专业发展与自由人格化为一体,是跨学科学习所体现的课程观。这种课程观不仅体现于专门的跨学科课程中,而且应当渗透于学生所有课程的学习之中。

其次,跨学科学习是一种以解决真实问题为核心的深度学习方式。跨学科学习倡导理解本位的知识论和创造取向的方法论,因此,它不只是课程内容的改变,还是学习性质和方式的革新。运用学科观念与跨学科观念解决真实问题,不断发展学科理解力与生活理解力,并在此过程中掌握知识与技能,这是跨学科学习之本质。学习即探究、思维与解决问题。既然是跨学科，就意味着这种学习属于综合学习的范畴，即学生能够运用两种或两种以上的学科观念解决问题，或者运用跨学科观念解决问题，或二者兼而有之。总之，只有学会了运用多学科视角理解世界、解决问题，才是真正的跨学科学习，也才真正具有了跨学科意识。显然，作为一种深度学习方式的跨学科学习应当渗透于学生所有的课程学习之中。

再次，跨学科学习是一种特殊的课程形态。如果说作为一种课程观和学习方式的跨学科学习具有广义性，可渗透于所有课程之中，那么，作为特殊课程形态的跨学科学习则是狭义的，是学校课程体系中的一类。这类课程超越一门学科本身的逻辑体系，围绕一个或几个中心主题或问题，融合几门学科的内容，引导学生对问题展开探究。如 20 世纪 80 年代诞生的 STS 教育（Science, Technology, Society，"科学、技术与社会"教育），着眼于科学技术与社会生活的关系以及可持续发展理念而展开；源远流长的国际理解教育则围绕着和平文化与全球化问题而设置；如今方兴未艾的 STEM 课程则着眼于信息时代的特点与需求，将几门学科的核心观念综合运用于各类主题或课题之中；等等。我国的综合实践活动课程则是从学生的创新精神、实践能力和社会责任感等跨学科素养的发展出发，面向学生的生活世界，综合运用一切学科知识展开探究、体验与实践的课程，也属跨学科学习之列。由于社会生活日新月异，学科知识迅猛发展，学生的个性发展需求千差万别，因此，跨学科学习的课程名称和内容会永无止境地发展下去，且带有鲜明的地域特点与时代特征。每一所学校都有权利与义务为学生开发丰富多彩的跨学科学习课程。

最后，跨学科学习与各类学科课程相互作用、相得益彰。一方面，跨学科学习并不反对各类学科课程。恰恰相反，唯有当学生充分理解了学科逻辑、发展了学科思维，才能在不同学科之间建立联系，以创造性解决问题，发展跨学科意识和创新能力。另一方面，任何一门学科的学习，唯有与日常生活和职业世界建立内在联系，在学科之间建立有机联系，才能充分发展学生的学科思维和学科素养。

五、跨学科学习的基本理念

跨学科学习的基本理念是为理解而学、为生活而学、为学科而学。

为理解而学。为了帮助学生更好地理解学科与世界，更好地发展学生的理解力，设计了跨学科学习课程。所谓理解（understanding），是将知识运用于新情境以解决新问题的能力。人只有改变了世界，才能理解世界。因此，理解意味着改变与创造。跨学科学习的认识论本质是学生运用多个学科的视角及学科关联的视角理解世界。学生会由此意识到：同样的问题、同一个世界，可以从多个视角去理解。哲学家梅洛-庞蒂曾说道，视角不是人对世界的主观歪曲，而是世界本身的特性。学生学会了用多个视角理解世界，不仅能发展理解力、创造力，还能学会保护世界、修复被破坏的世界。跨学科学习在理解中、由于理解并为了理解。

为生活而学。学科源于生活并为了生活。生活具有整体性，解决生活中看似极微小的问题，也往往需要多学科协作进行。因此，植根于生活的学习必然是跨学科学习。杜威曾指出，真正的综合学习必然是建立起学科与生活的内在联系的学习。仅局限于学科领域内部，割断学科与生活的联系，为综合而综合，必然导致"跨学科学习"做作而低效。跨学科学习在生活中、由于生活并为了生活。

为学科而学。跨学科学习绝不是为了迎合学生的表面兴趣而牺牲学科逻辑的力量，把几门学科的零散事实杂凑起来而成。恰恰相反，真正的跨学科学习是通过建立起学科与学科、学科与生活的内在联系而促进学生的学科思维与学科理解。在信息时代，只需要某些学科常识和简单学科技能就能胜任的工作正在消亡，每一个人都要至少掌握一门学科、成为一个领域的专家，方能幸存。诚如美国心理学家加德纳所言："倘若一个人不能至少稔熟一门学科，那他注定要任别人摆布。"（Gardner，2008）[3] 通过跨学科学习，让学生至少对一门学科产生内在兴趣，并深入理解与掌握，由此促进学生学科理解力的持续发展，这是跨学科学习的重要价值。跨学科学习在学科中、由于学科并为了学科。

六、素养本位跨学科学习的设计与实施

我国当前基础教育课程改革的根本任务是构建信息时代的课程体系。走向跨学科学习是本次课程改革的重点与亮点。为此要选择正确的设计与实施方法，避免各类实践误区。

（一）跨学科学习的设计方法

跨学科学习的设计方法及策略可概括为下列四个方面。

第一，重构课程体系。确立跨学科意识，走向跨学科学习，重构课程体系，是今日课程改革的关键。

为此需要做到：（1）让所有学科回归生活；（2）建立学科之间的联系；（3）实现学科整合，重构课程内容。具体言之，在幼儿园、小学阶段，逐步消除学科界限，走向围绕生活主题展开探究的超学科学习；初中与高中阶段，在帮助学生开展学科探究、发展学科理解的同时，渗透多学科学习与跨学科学习，同时使超学科探究不断升华。

第二，基于关键跨学科概念及跨学科大观念设计跨学科学习活动。基于核心素养的跨学科学习的显著特点是：以跨学科理解及核心素养为目的，基于跨学科概念及相应的大观念而设计。就跨学科主题学习或跨学科实践（如我国义务教育各课程标准所规定的10%的跨学科主题学习）的设计而言，则包含下列课程要素。

（1）确定跨学科主题名称。教师可根据学生的发展需要，从课程标准里建议的跨学科主题中选择，也可基于课程标准的相关要求、当地社会生活和学生发展特点生成新的跨学科主题，须知跨学科主题本身具有生成性和变化性。（2）提出跨学科概念并凝练跨学科大观念。提出理解并探究跨学科主题所必不可少的关键跨学科概念，为探究跨学科主题提供"概念视

角"；在两个及两个以上的关键跨学科概念之间建立联系，形成跨学科大观念，即学生探究完本单元后可能形成的可迁移、应用的跨学科理解。（3）以跨学科大观念为基础确定单元学习目标。目标由三部分构成：跨学科大观念、关键学科知识、关键学科能力及品格。目标确定要充分依据课程标准的相关要求。（4）提出跨学科引导问题。引导问题贯串单元学习始终，由引导问题引出探究线索。可提出三类引导问题：概念性问题、事实性问题、辩论性问题。概念性问题对应关键跨学科概念与跨学科大观念；事实性问题对应关键学科知识；辩论性问题对应更加开放的哲学性问题或应用于实践可能产生的围绕利与弊而展开的更加复杂的实践性问题。（5）设计真实表现性任务与评价标准。真实表现性任务是学生探究完一个跨学科主题后体现其跨学科理解及核心素养的产品，包含任务情境、学生真实或模拟的角色、产品的受众、具体要完成的产品、任务评价标准及量规。需要强调的是，将任务评价标准及量规与表现性任务一起向学生发布，学生在完成任务的过程中可根据评价标准及时改进表现过程及产品。（6）设计系列跨学科学习活动。将单元学习目标与真实表现性任务结合起来，围绕引导问题及探究线索，由浅入深设计系列跨学科学习活动。每一个学习活动依然按照活动名称、关键跨学科概念及跨学科大观念、引导问题、子任务等要素来设计。系列学习活动持续数周时间，因为形成跨学科理解及核心素养需要较长时间。除跨学科单元学习以外，跨学科学习活动也可渗透于日常学科单元主题学习之中，作为单元主题学习的有机组成部分，指向于学科学习过程中的跨学科理解，与学科性概念理解相互促进、协同发展。

第三，倡导跨学科教学及跨学科教学研究。教师教学的分科管理体制与绩效责任制不仅给学生发展带来一定负面影响，而且使教师自身不堪重负。走向跨学科学习的课程体系必然要求教师从事跨学科教学。

这意味着：（1）不同学科的教师协同开发课程、制订教学计划；（2）不同学科的教师协同上课；（3）不同学科的教师协同进行探究教学；（4）不同学科的教师形成跨学科专业发展共同体；（5）建立跨学科教师的发展机制；等等。总之，学生开展跨学科学习的前提是教师走向跨学科教学。

第四，让跨学科学习走向项目学习。跨学科学习与项目学习是两种不同的学习取向：前者侧重于"跨学科理解"的形成；后者侧重于将观念物化或实现为"项目"，项目学习可以是单学科的，也可以是跨学科的。跨学科学习与项目学习也存在密切联系：若跨学科学习以项目学习的方式来进行，会极大促进跨学科理解的形成与发展；当项目学习基于跨学科意识并追求跨学科理解的时候，无疑会提高项目学习的质量。因此，我们建议在跨学科学习设计与实施的时候，要精心设计并高质量实施表现性任务及相应学习过程中的子任务，使之转化为高质量的跨学科项目学习。

（二）跨学科学习的实施策略

实施跨学科学习的总体策略可概括为如下三方面。

首先，将跨学科意识渗透于学生所有课程之中。跨学科学习的本质是突破边界去思考的跨学科意识，指向于发展融合批判性思维和创造性思维的自由人格。这种跨学科意识应当渗透于一切课程领域中，包括各门拥有相对稳定的知识结构的课程，如数学、物质科学、生命科学、历史等。当一门学科真正建立起与其他学科、与生活的联系的时候，这门学科的教育价值才能真正得到体现。

其次，将深度学习运用于学生的一切学习过程之中。跨学科学习倡导理解取向的综合性深度学习，这适用于学生所有课程的学习。倘若只将深度学习运用于少量跨学科课程（如综合实践活动课程、STEM课程等），其余的各种考试科目即所谓的"主科"等依然用灌输、训练、刷题等愚昧、保守、专制的方式来教与学，那跨学科学习就是一块遮羞布，学校课程就是"两张皮"，丝毫不能达到转变学习方式、促进学生核心素养发展的目的。

最后，因地制宜创造性地开发跨学科课程。以综合主题甚至学生社团等方式呈现的独立设置的跨学科课程是学校课程的有机构成部分，它不仅能充分适应地方文化特点、学校文化特色和满足丰富多彩的学生发展需求，而且是创造性实施国家课程的重要途径。这类课程既可相对独立设置，也可作为综合主题渗透于其他学科课程之中。要遵循所有课程具有"等价性"的原则，高质量、低成本开设跨学科课程，将其教育价值充分发挥，防止课程开发流于形式、课程实施浅尝辄止。

（三）跨学科学习的实践误区

实践中关于跨学科学习存在哪些误区？至少有如下几方面。

第一，功利化倾向。仅从商业利益、市场价值、特定社会团体的政治需要、学校的品牌效应等方面出发，漠视每一个学生发展的独特需要和教育的内在价值，由此会导致跨学科学习的功利化倾向。许多流行一时的课程取向，背后很可能是庞大的利益集团推波助澜的产物。有些冠以美好词句的课程取向，又有可能是意识形态宣传的需要。广大教育工作者要基于批判意识开发跨学科学习课程，切忌盲目跟风、赶时髦，真正着眼于每一个学生的长远发展。

第二，简单化倾向。仅仅把几门学科的内容机械拼凑在一起，既破坏了原有学科的逻辑力量，又未创造出新的学科逻辑，也未满足学生学科理解与生活理解的发展需求，由此导致跨学科学习的拼盘现象。教育工作者要充分意识到，作为一种独立课程形态的跨学科学习既未破坏原有学科的学术力量，还创造出了每一门学科单独开设无法产生的新的学术力量，由此实现跨学科学习与各学科课程的互惠共赢。简单拼凑的跨学科学习毫无存在必要，徒增学生负担。

第三，常识化倾向。如果跨学科学习课程仅仅选择一些貌似学生感兴趣的话题，完全漠视所探讨的话题的学科理论基础、学科思维方式与学科研究方法，只是从已有的常识出发或通过简单的上网查资料即可解决，就不能得出对问题的深刻理解或仅得出某些常识化的理解，由此导致跨学科学习的常识化。加德纳将这类课程称为"前学科化"活动，并认为这是跨学科学习的危险。（Gardner，2000）[217-220] 唯有使引人入胜的跨学科主题与学科观念和学科思维建立深刻联系，学生在探究中得出了自己的独特理解，方能避免跨学科学习的常识化、肤浅化倾向。

　　克服了功利化倾向、简单化倾向和常识化倾向，立足于信息时代每一个学生发展的特点与需求，让课程实现学生学科理解与生活理解的互惠双赢，跨学科学习的价值才能真正彰显。

　　总之，跨学科学习实现之日，即学生精神获得自由之时。

第八章
项目学习：
做中学，用中学，创中学

《义务教育课程方案（2022年版）》强调，义务教育课程要变革育人方式，突出实践，"突出课程内容结构化，探索主题、项目、任务等内容组织方式"，"探索大单元教学，积极开展主题化、项目式学习等综合性教学活动"，指向"做中学""用中学""创中学"的课程与教学体系，倡导项目学习。什么是项目学习？素养本位的项目学习有哪些特征？项目学习从何而来？项目学习的理论基础是什么，它有哪些类型，它在课程体系中有怎样的定位？怎样设计与实施素养本位的项目学习？探索这些问题具有重大理论与实践意义。

一、项目学习的历史发展、内涵与特征

自19世纪中后叶,特别是20世纪以来,世界教育可以总体被称为"民主主义时代的教育"。教育中的民主精神和科学精神在学校课程与教学中的重要体现是项目学习的登场。追溯项目学习的精神实质、历史发展和实施过程,不仅可以为我国方兴未艾的素养本位课程改革提供参考,而且对反思并超越所谓"一切学习都是接受学习""讲授教学最具决定意义"等课程与教学观,具有重要帮助。

(一)项目学习的历史发展

作为一种课程与教学取向,项目学习(Project-Based Learning,简称PBL)起源于16世纪末罗马和巴黎的建筑学校或艺术学院,到18世纪中后期,它作为一种学术研究和教学方式在教育中正式被确认。从18世纪中后期直至19世纪末,经过100多年的演进,"项目"(project)由建筑领域拓展到工程领域,项目学习成为理工大学的常规教学方法,而且由欧洲移植到美国。从19世纪中后期至20世纪初,项目学习成为手工训练学校的一般教学方法,并被普遍应用于从幼儿园至高中的普通公立学校中。它之所以能从手工训练学校被移植到普通公立学校,是因为受到工业化运动与进步教育运动的影响,逐渐被这些学校认可和需要。表面看来,"动手操作"是工业生产和工厂行为的特征,但就深层次而言,这种"动手操作"所体现的是理智行动与社会互动,这正是作为世界教育民主化运动之核心构成的进步教育运动所大力倡导的。建基于"动手操作"的项目学习自然成为改变以"赫尔巴特主义"为代表的保守教育的重要选项和策略。

从20世纪初至20世纪60年代,在美国进步主义教育思潮和进步教育运动的影响下,"项目理念"(project idea)和"项目教学法"(project method)被重新界定,项目理念被视为民主化时代培养学生自由个性、民主

素养的基本理念，项目教学法被视为培养民主化时代学生的基本方法。这样，关于项目的理念和方法不仅在美国迅猛发展，而且被重新移植回欧洲。

20世纪70年代以来，项目理念和方法复兴，在欧美和东亚，特别是在北欧、中欧、美国、日本被广泛倡导，众多当今教育改革运动如"综合学校运动"（the comprehensive school movement）、"社区教育运动"（the movement for community education）、"开放课程运动"（the movement for open curriculum）、"实践学习运动"（the movement for practical learning）等，都把项目教学法作为实施其改革方案的重要策略。倘从19世纪中后期算起，这是第三次在世界范围内倡导项目理念和方法。（Knoll，1997）[59]

进入21世纪，伴随信息技术、知识经济和数字化时代的到来以及教育民主化运动的新进展，项目学习已成为世界基础教育领域的基本教学方式、学习方式和课程取向之一。

（二）项目学习的内涵与特征

项目学习，一言尽之，即基于项目理念和方法理解并组织学习的课程取向。项目亦可译为"课题"或"设计"，"是对源自现实世界的课题的深度研究，这些课题值得儿童关注并付出努力"。（Chard，2014）项目有两个基本内涵：一是心灵或意识中的目的或目标（purpose）；二是外在的行为表现及"产品"（product）。不同教育学者对"项目"这两个字内涵的理解存在差异，也有所侧重。例如，项目学习的明确提出者和理论的主要奠基者之一克伯屈就特别强调了目的这一方面。但是，只有将内在的目的、规划与设计，与外部的行为过程与产品结果有机结合，既动手又动脑，才是真正有教育价值的项目。

自20世纪90年代起，随着"构成主义"学习理论的提出，项目理念进一步具体化了：项目即观念物化的、可公开展示的"产品"或"实体"。随着信息时代的到来，信息技术的普遍使用为观念实现、创意物化提供了更便利的手段，项目学习越来越倾向于指称基于设计思维、创意物化的学习。因此，面向今天的信息时代或核心素养时代，我们可进一步把项目学习界定如下：

> 作为一种学习方式，项目学习把学科知识与真实生活情境有机联系起来，生成开放性的问题或主题，学生围绕问题或主题从事充满热情且目的明确的系列探究活动，形成观念物化的产品，发展批判性思维、创造性思维、协作性思维等高阶思维能力，形成直面问题、解决问题的人生态度和进取精神，以及对他人、社会和环境负责的责任意识。

信息时代的项目学习以发展学生的核心素养为目标，它一方面强调真实情境和现实生活中的复杂问题或课题，另一方面强调运用可迁移的学科思维或"概念性理解"去解决问题。我们可以把信息时代的项目学习称为"理解本位项目学习"，亦可称为"素养本位项目学习"。

有人把项目学习的共同特征概括为如下9个方面：（1）学生在一个较长的时间段里对所选课题进行多方面研究；（2）项目的内容是学生所关心的现实世界的问题；（3）针对一个来自现实世界的总体挑战，学生遇到障碍、寻找资源并解决问题；（4）在学生完成不同任务的过程中，他们在不同观念之间做出自己的联系并获得新的技能；（5）学生运用真实的工具即现实生活中的资源和技术解决问题；（6）学生对自己思想的价值判断可以从相关专家和现实生活的检验中获得反馈；（7）现实世界的问题以其充分的复杂性得以呈现；（8）学生在不同观念间发现学科之间的联系；（9）学生在解决问题的过程中与模糊性、复杂性和不可预测性做斗争。（Buck Institute for Education，2014）

从对项目学习的定义和特征的种种探讨中，我们可以梳理出项目学习以下4个关键内涵或特征。

第一，项目即研究。项目学习一定是学生对其生活所展开的真实的研究，即一定要在生活中发现问题，经过理性反思将问题上升为研究课题，事先制订课题研究计划，实际到生活情境中对课题展开研究，事后要对课题研究的结果进行系统反思。这是学生过理性的学习生活、探究生活的过程。尽管这个过程妙趣横生，让学生感到兴趣盎然，但它却不同于儿童自发的游戏活动，尽管游戏对儿童发展同样重要。

第二，**项目即生活**。项目学习信奉的基本理念是"学校即生活""生活即教育"——学生需要在学校里过真实而非虚假的生活，生活本身具有教育价值。尽管学校科目中的学科知识归根结底是对现实世界或真实生活的理解和反映，但学科却不能代替生活，生活本身具有独立价值。学生的项目源自现实世界或真实的生活，学生要到真实的生活情境中去做项目，学生做项目的目的是融入生活、完善生活。

第三，**项目即学生**。学生做项目的过程就是学生做自己的研究的过程，这个过程既体现出学生个体的独特性，又体现出学生同伴文化的共同特征。因此，项目学习体现了学生的兴趣和需要，在很大程度上是"学生驱动的"（student-driven）。（Thomas，2000）从提出问题、确定课题到制订计划、展开探究、反思结果，在这一系列过程中，学生具有很大的自主性，尽管这些过程取得成功的必要条件是教师的有效指导。项目不是科普常识，而是学生对自己生活的理解和创造。项目对教师同样是未知的，因此，教师不能向学生强加自己的理解和规范。

第四，**项目即课程**。项目学习是旨在发挥生活的教育价值的学校核心课程和核心教学策略，而不是学科学习的辅助和边缘。（Thomas，2000）因此，基于巩固学科知识和技能的目的而做应用题、做实验甚至从事附加的社会实践的内容不属于项目学习之列，因为这些活动不能直面学生自己的问题和发挥生活的教育价值。只要承认真实生活或现实世界具有学科知识所无法替代的独特教育价值，那么，项目学习就是学校课程的有机构成、核心构成，而不能被置于边缘或排除在外。

二、项目学习的理论基础

如上所述，作为一种教育实践，项目学习已有400多年的历史，但作为一种公认的课程设计理念和教学思想在基础教育领域确立下来，不过百年时间。项目学习是美国进步主义教育思潮和欧洲新教育思潮的产物。

（一）项目学习思想的历史发展

杜威的"建构性作业"（constructive occupations）或"主动作业"（active occupations）的理念第一次系统确立起项目学习的思想基础。杜威始终把教育与民主主义的理想紧密地融为一体。民主，在杜威看来，不仅是一种社会组织形式或政治体制，还是公民的生活方式或态度。因此，培养学生的社会洞察力和社会问题解决能力是民主化时代教育的永恒目标。把学习变成一种主动探究过程，探究的内容是各种"建构性作业"或"主动作业"。

所谓作业，是指"复演社会生活中进行的某种工作或与之平行的活动方式"。（Dewey, 2008)[92] 这是着眼于儿童经验的发展而对社会生活中的典型职业进行分析、归纳和提炼而获得的各种活动方式，如商业、烹饪、缝纫、纺织、木工、金工等。杜威说"准备社会生活的唯一方式是参与社会生活"。（Knoll, 1997)[64]通过主动探究各种精心设计的项目、选择具有真实社会意义的"作业"，学生不仅发展社会理解力和责任感，而且满足经验持续生长的要求和持久学习的兴趣，并发展科学的反思性思维或问题解决的能力，养成思考问题的习惯。（张华，2001c）杜威于1896年至1904年在其创办的美国芝加哥大学实验学校成功实现了这种教育理想。杜威的"建构性作业"或"主动作业"是人类教育史上的伟大发明之一，是项目学习的经典形态之一，是一份伟大的课程遗产。

与杜威同时代的理查兹（C. R. Richards）在杜威思想的基础上发展出"自然和社会学习"（natural and social learning）的理念，并付诸实践。他在哥伦比亚大学师范学院的贺拉斯·曼学校（Horace Mann School）成功实践了这种理念。例如，在老师的启发下，二年级的学生决定从事一项"印第安人项目"（An Indian Project）研究。他们阅读了诗人朗费罗（Longfellow）的诗歌《海华沙之歌》（*The Song of Hiawatha*），讨论了印第安人的习俗和礼仪，参观了自然历史博物馆。他们进而做帐篷、做服装、造弓箭，目的是要过一天印第安人的生活。在做项目的过程中，学生获得了相应的知识与技能。因此，教学并不先于项目（课题）而进行，而是融在"建构性"项目之中。（Richards，1990）

杜威的学生和同事克伯屈在 1918 年发表的《项目教学法》（民国时期将此文译为"设计教学法"）一文中第一次明确提出"项目教学法"的概念。他于 1925 年又出版了《方法的基础：关于教学的非正式谈话》一书，进一步发展了这一概念。（Kilpatrick，1918）克伯屈把项目界定为"热情的目的性行为"（hearty purposeful act），这一行为包括四个方面，即确定目的、制订计划、执行和判断。在他看来，任何"目的性行为"，从建造机器到学习法语单词，甚至看日落和听贝多芬交响乐，均可成为项目。这样，项目的外延就极大扩展了。

克伯屈的项目理念与杜威的理念相比至少有三点区别：第一，杜威强调社会问题解决并以培养社会能力和社会洞察力为目的，而克伯屈却带有浓郁的儿童中心主义色彩；第二，克伯屈的项目具有强烈的行为主义色彩，深受桑代克（Edward L. Thorndike）学习心理学的影响，从而对活动的智力或思维方面重视不够，而杜威强调反思性思维并将智力的自由运用视为教育的重要目标；第三，杜威致力于儿童的经验和学科知识之间的平衡与整合，而克伯屈基于"儿童未来的需求是不确定的"这一观点而反对"预定"学科内容。（坦纳 等，2006）[174]

通过克伯屈的一系列研究，尤其是通过其出众的演讲才能，项目教学法深入人心，很快在教育实践中得到普及。在 20 世纪 20 年代，项目教学法几乎在美国所有小学得到实施。而且，克伯屈的项目教学法在今日欧洲依然影响深远。（Knoll，1997）[67] 所以，克伯屈的主要贡献是使项目教学法在实践中得到普及和实现。

进步教育运动之后，项目学习依然在继续发展，其思想基础可概括为如下方面：一是，进步主义教育思潮的当代形态，如兴盛于 20 世纪 70 年代的"开放教育运动"（open education movement），亦称"自由学校运动"（free school movement）；二是，改造主义教育思潮（认为学校教育不是被动适应现实社会需要的工具，而是着眼于未来改造社会现实、建立一种社会秩序的过程），以及批判教育思潮（把教育作为一种"反思性实践"，通过社会批判而实现社会公正和人的解放）；三是，盛行于20世纪五六十年代的学科结构运动（强调分科且脱离社会，但其倡导对学科结构进行探究—发现学习的观点为项目理念与学科逻辑的融合积累了宝贵经验）；四是，最近二三十年以来认知神经科学和心理学研究的新进展引发了学习理论的革命，认为知识、思维、操作和学习情境难解难分地缠结在一起，为项目学习提供心理学基础；五是，在认识论上，建构主义（认为知识的获得是学习者主动建构的过程，而不是外部世界的摹写或外部知识的授受）以及创生主义（enactivism）[①]的崛起，为项目学习提供了新的哲学基础。

（二）素养本位项目学习的理论基础

在今天的信息时代，建构素养本位项目学习，需要着重强调的两种项目理念：一是个人即项目（the individual as project），二是项目即公共实体（project as a public entity），分别对应存在主义学习观与构成主义学习观。

当代存在主义哲学的主要代表之一萨特（Jean-Paul Sartre）提出了存在主义的"第一原则"——"存在先于本质"（existence precedes essence），即人的本质或"人性"（human nature）不是事先存在、固定不变的，而是人自己创造出来的。人界定、创造其本质之前，首先需要存在。"他首先在世界上现实地存在、与他自己相遇，唯其如此，然后才界定他自己。"（Sartre，2007）[22] 人首先是自己的，是他按照自己的意愿去"设计"自己，然后他才存在，否则他就是虚无。存在主义的"主体性"（subjectivity）就是人有意识地、按照自己的意愿创造他自己。

在这里，萨特提出了存在主义的又一核心观念：人即项目。"人确实是拥有主体性存在的一个项目（a project），而不是一片苔藓、不断蔓延的真

[①] 认为知识建构的本质是"共生"（co-emergence），即学习者与环境或他人互动和交往的结果。

菌或一个花椰菜。"（Sartre，2007）[23] 项目，按字面意义就是向前、向未来去设计。萨特后来在《寻找一种方法》（Search for a Method）一书中对项目做了进一步界定，将之视为人超越现实和情境、创造未来的"前行的方法"（a progressive method）。他写道："最基础的（rudimentary）行为必须既与当下真实的因素相联系，这些因素为行为提供条件；又与即将到来的特定对象相联系，该对象是行为试图创造的。这就是我们所称谓的项目。"（Sartre，2007）[91] 这意味着人在从事这种"基础行为"的过程中成为项目。人即项目，是指人在行动中创造自己所向往、所想象、所热爱的事物和在生活中创造自己，这才叫人对自己负责。但这种"主体性"绝不是"原子化"的，而是处于关系中的。对自己负责也是对人类负责。"当我们说人为他自己负责的时候，绝不意味着他只为他自己的个体性（individuality）负责，而是指他对所有人负责。"（Sartre，2007）[23] 格林（Maxine Greene）充分发扬萨特的思想，将之引申为"儿童即项目"的理念。她说："儿童必须被理解为'项目'，推动她或他自己走向对他或她的未来的意识。"（Greene，1992）儿童本质上是被自我创造的，而非被成人或社会赋予的。儿童自我创造的前提是对未来自我的意识觉醒。儿童自我创造的过程，即持续投入、超越现实、实现理想的项目行为。

个人即项目。学生即项目。学生基于"自我设计"而选择或确定项目，通过完成项目而持续完善自己。尊重学生的自我选择、自我设计与自我实现，这是我们在信息时代设计与实施项目学习的重要价值追求。

美国数学家、计算机科学家、心理学家、教育学家派珀特是皮亚杰的弟子。他将皮亚杰的建构主义发展为构成主义，并成功将教学、学习和设计连接起来，"创客"（maker）由此诞生，"创中学"由此成为信息时代的主要学习理念之一。该理念也被写入了我国《义务教育课程方案（2022年版）》之中。构成主义的核心思想是消解了学习过程中"抽象"（the abstract）和"具体"（the concrete）的二元对立，不再简单认为"抽象"高于"具体"、符号高于实物，主张让学习建基于将抽象的观念转变为可公开展示的"公共实体"。派珀特明确区分了"建构主义"与"构成主义"。

> 构成主义（constructionism）——这个含"n"的词与建构主义（constructivism）这个含"v"的词相对立——但它共享了建构主义的学习内涵，即学习是与学习环境（the circumstances of learning）无关的知识结构的建立过程。它进而增加了这一观念：学习特别恰切地发生于这一情境，在这里学习者有意识地投入建构一个公共实体，无论它是一个海滩上的沙堡，还是一个关于宇宙的理论。（Papert，1991）[1]

当人的观念物化为"公共实体"的时候，观念就变成了项目，同时，观念也变成个人、社会和世界互动过程中的社会生成与建构。

构成主义学习观的观念物化思想，以及让儿童借助计算机实现自己的"有力观念"（powerful ideas）的思想，为项目学习提供了新的认识论基础，并将之成功带入信息时代。

总结百年来项目学习理念的发展，我们对其思想基础可至少获致如下四点结论。

第一，启蒙运动以来对儿童的发现。儿童阶段具有内在价值，每一个儿童都具有独特价值。儿童的内在价值、独特价值集中体现在儿童自己的思想之中。儿童的思想在表达和实现中发展。项目学习是儿童思想发展的内在要求，也是学生自我设计、自我实现和自我创造的过程。

第二，教育的民主精神。教育不仅为了民主主义的社会理想，而且本身必须组织为民主生活方式，这是民主化时代的必然要求。项目学习立足社会生活和社会问题，在学校和社会之间架起桥梁。而且，项目学习本身充满了对差异的尊重和民主合作精神。

第三，教育的理性精神。现代科学的一大成就是引发了教育革命，使教育摆脱了单纯的信仰教化和规范灌输的古老形态，建立在理性反思的基础之上。教育不仅为了科学进步，本身也必须是科学的——具有科学研究的本质特性。教育即研究。学习是学习者主动探究生活和学科的过程。项目学习即把学生视为真正的研究者而主动探究其生活的过程。

第四，教育的创造精神。伴随"大众创业""万众创新""全民都是创造者"的信息时代的到来，教育的创造本性和创造精神日益凸显。项目学习即"创客文化"的集中体现，又是"创中学"理念的代表取向，日益成为信息时代占主导地位的课程与教学取向。

三、项目学习的类型与课程定位

作为一种课程形态的项目学习与课程体系中的其他课程是什么关系？我们如何在我国当前的基础教育课程体系中恰当定位项目学习？这是恰当设计与实施项目学习的关键问题。

（一）项目学习与其他课程的关系

从历史与现实、理论与实践综合来看，作为一种课程与教学取向，项目学习与其他课程的关系，大抵包括如下四种情况。

第一，项目学习跟随在系统知识、技能学习之后。这是一种古老的模式，一直沿用至今。学生先在系统教学中学习规定的知识、技能，然后将所学知识、技能独立地、创造性地应用于"实践性项目"（the practical project）之中，由此实现知识与技能熟练、创造力和想象力发展之双赢。这种模式起源于19世纪末的手工训练学校（Woodward，2016），当时的重要倡导者是美国华盛顿大学理工学院院长的伍德沃德（C. M. Woodward）教授，如今盛行于各类学校的"毕业项目"即属此列。在中小学广泛运用的学完某些知识、技能之后再开展相应的探究活动，亦属此模式。该模式的优点是容易被广大教师接受和采纳，不足之处是不利于知识、技能学习过程的真正改善，项目活动有可能流于形式或成为知识、技能灌输的点缀或辅助。

第二，将项目置于教学核心并贯串教学始终。该模式产生于19世纪末20世纪初的美国"进步教育运动"，但比第一种模式略新，也一直流行于今天。该模式认为知识的本质是经验，只有在整合主动操作和反思的项目活动中才可能发生真正的知识学习，"做中学"是学习的本质，因此，项目学习在学校课程中占主导地位。像杜威在美国芝加哥大学实验学校所实施的"主动作业"理念，前述理查兹在杜威思想基础上实施的"自然和社会学习"理念，均是典范。影响深远的克伯屈的"项目教学法"亦属此模式。该模式的优点是能够实现知识学习的彻底改造，不足之处是操作困难、对教师的要求高，尤为不利的是容易遭遇强调"标准化测验成绩"的社会环境的排斥。

第三，既强调项目学习在学校课程中的核心地位，又为其制定内容标准。这种模式是新近产生的，由美国巴克教育研究所（Buck Institute for Education）开发，被称为"基于标准的项目学习"（standards-focused PBL），其内涵被这样界定："通过拓展的探究过程使学生参与知识技能学习的系统教学方法，该过程围绕复杂、真实的问题与缜密项目的产品和任务而组织起来。"（Buck Institute for Education，2014）该模式强调学生围绕一个"驱动问题"（driving question）而开展项目学习，该驱动问题与课程的内容标准紧密相连，并可根据内容标准来评价学习结果。这样各门学科知识都可以用这种基于标准的活动来学习。这种模式显然是根据社会需要对上述第二种模式所做的"改装版"，正如该模式的倡导者所言，"之所以创造指向标准的项目，是为了更好地适应强调问责和表现的时代"。（Buck Institute for Education，2014）该模式的优点是易于为教师和社会所接受，潜在的危险是容易使项目学习的教育价值打折扣。

第四，项目学习与知识技能的系统教学及其他课程并行不悖、相互渗透、相得益彰。比如，查德（Sylvia C. Chard）等人主张，在幼儿园课程中，项目学习可以和其他课程，如户内外自发游戏、讲故事、音乐活动、搭积木、玩水、自发戏剧表演等并行不悖，其区别在于前者有主题、有计划、持续时间较长，后者往往是自发的。在小学，项目学习和知识技能的系统教学亦可做到相得益彰：当知识技能被有目的地运用于有意义的活动中时，知识技能更可能被掌握，而当学生在项目活动中有意识地运用了知识，项目学习则更深刻、更有力量。（Katz et al.，2000）[11-17]项目学习与系统教学，一个侧重对生活世界、现实世界的探究，一个侧重对学科知识的探究，二者完全可以做到相得益彰。但不要把二者的并行不悖变成学校课程的"两张皮"，杜绝把学科知识的灌输合法化。其实，二者的区别主要不是学习方式的不同，而是学习内容的不同。

无论采纳何种模式，需要谨记的：一是，只有使学校课程成为一个有机整体，其教育价值才能充分发挥；二是，无论何种课程与教学取向，其价值的发挥都依赖于缜密设计的项目和富有创造性的实施过程，项目学习的实施与讲授教学相比，其复杂性更大、条件更为苛刻。诚如韦伯斯特（Tupper Webster）所言：

> 一天、一月、一年中偶尔实施一下项目学习，其价值是有限的；鼓励、允许或要求项目学习与课程的其余部分绝少关联，也远远不够。教师关于儿童学习方式和他们能学什么、应学什么的观点，以及反映在班级工作和关系中的价值观，是决定明智运用项目的关键要素。这些观点应持续体现在学校生活的每时每刻、群体生活的方方面面。（Webster, 1990）

让项目学习体现信息时代的新型教育民主并以发展学生核心素养为目标，让项目学习把"学什么"和"怎么学"有机联系起来，让项目学习成为学生的常态学习方式和课程形态，方能真正发挥其教育价值。

（二）项目学习的类型与当前课程定位

进入信息时代以后，为构建素养本位课程与教学新体系，项目学习已然成为世界课程改革的共同选择和基本追求。（Gordon et al., 2009）[222]

为在我国课程体系中恰当定位项目学习，需要对其内涵做出区分：一是作为项目理念和学习方式的项目学习；二是作为课程形态的项目学习。凡强调动手与动脑相结合、理智与情感相融合、问题解决与观念物化相辉映的学习方式和理念，均可称为项目学习，它是"升级版"的探究学习，是走向深度学习的基本途径，其对应范畴是接受学习。因此，项目学习理念与方式是信息时代学生的基本学习方式，是发展核心素养的必然选择。作为学习方式和理念的项目学习应渗透于学校课程、教学、评价与管理的方方面面。

作为课程形态的项目学习是指以核心素养为目标、以课程方案和课程标准为基本依据、根据学生的发展需要和当地社会生活特点而系统设计的学校课程。项目学习课程又可根据学科彼此之间的融合程度而区分为以下三类。

1. 学科项目学习

将一个学科的课程标准及相应教科书的部分或全部内容转化为项目学习，项目具有明显的学科特性，并且以发展学生的学科思维或学科概念性理解为目标。

2. 跨学科项目学习

将两个或两个以上学科的课程标准及相应教科书的内容融合起来解决一个真实问题，并形成物化产品，即为跨学科项目学习。它以发展学生的跨学科理解及核心素养为目标。我国当前义务教育课程标准中几乎所有学科都要求用10%的课时设计"跨学科主题学习"或"跨学科实践"，这类课程内容大多倡导项目学习，这是典型的跨学科项目学习。此外，艺术和科学两门课程属于跨学科课程，倘若将其内容转化为项目，即构成艺术类和科学类跨学科项目学习。教师在教学过程中可根据学生的发展需要和当地社会生活特点，根据解决真实情境中复杂问题的需要，灵活融合不同学科课程标准的内容，自由创生跨学科项目学习课程。

3. 超学科项目学习

在真实生活情境中选择学生感兴趣且有教育意义的主题，根据主题内容将相关课程标准及教科书的内容融入主题探究，学科大观念、关键知识与技能变成主题探究的要素，学科边界完全消失，由此生成的项目学习即是超学科项目学习，亦可称为"生活项目学习"。在我国目前的课程体系中，从一年级至十二年级开设的综合实践活动课程的核心内容之一即是超学科项目学习。

由此看来，以核心素养为理念和目标的课程体系，必然选择项目学习作为主导的学习方式和课程形态。我国当前课程改革正全方位走向项目学习。

四、素养本位项目学习的设计与实施

项目学习在设计和实施上远比学科知识的系统讲授以及学生根据教师的安排做练习要复杂得多。好的项目学习可以使学生积极参与到学习过程之中，将学习过程变成探究过程，在探究中生成新的探究，学习因而与人生统一起来，成为持续终身的个性发展过程。而坏的项目学习可能比接受学习还糟，它可能会成为形成浮躁虚夸、浅尝辄止的不良学习习惯的过程，可能会浪费时间而一无所获。由于项目学习尊重了学习的复杂性，它本身是复杂的，因此，项目学习的设计和实施依赖于复杂的条件。

（一）素养本位项目学习的设计

从学科或现实世界中选择一个主题使之成为学生探究的项目是设计项目学习的第一步。研究幼儿园和小学项目学习的资深专家、加拿大阿尔伯塔大学教授查德列举了一系列"好项目"的判断标准，我们将之归纳为如下19条：（1）儿童是否对项目感兴趣；（2）项目是否源自现实世界；（3）儿童对项目是否已经具有一定的个人经验；（4）项目是否便于儿童动手操作（探究）、取得第一手经验；（5）为获得研究项目必要的信息，儿童对成人或书本的依赖程度有多大（要适度依赖）；（6）是否有人能来到儿童身边向他们谈论关于本项目的第一手经验；（7）儿童对项目是否会产生许多不同的问题；（8）儿童是否有机会主动探究他们自己的问题；（9）项目是否有助于儿童以不同的方式表现其研究发现；（10）儿童在关于研究成果的戏剧表演中是否有机会承担不同角色；（11）是否有供儿童计算、测量和比较的东西；（12）项目研究中事物的形状、颜色、质地、大小等重要变量怎样；（13）能从儿童的家长那里获得怎样的专业支持；（14）倘若儿童对本项目的兴趣是短暂的，能否从中自然生成新的探究项目；（15）项目是否能够帮助儿童更好地理解他们生活的世界；（16）项目是否有助于儿童彼此间更好地理解；（17）项目是否促进儿童与其家长的交往；（18）项目能否使儿童在现实生活的情境下理解读写素养和数学素养的价值；（19）项目是否鼓励儿童到校外寻找信息来源。（Chard，2014）很显然，这些标准主要是针对小学和幼儿园的孩子开展项目学习的特点而提出的。

美国学者韦伯斯特在《项目即课程：条件是什么？》（Projects as Curriculum: Under What Conditions?）一文中从更宏观的角度探讨了理想的项目的条件，亦即标准：（1）所开发的项目是否反映了学生的问题；（2）项目是否引发学生的独立思维和创造性思维；（3）项目的管理方式能否适应不同的参与水平并提供多样化的认知挑战，以使每一个学生都不会把自己视为失败者；（4）项目的探究过程能否做到使基本学术知识和技能的运用成为必要；（5）项目是否有可能使所有参与者体验社会合作与道德责任，以保证项目的成功完成；（6）对学生生活的世界中的一切——材料、物体、人和事，参与项目能否让学生既增加有关它们的知识，又促进对其欣赏；（7）项目是否反映了学生试图建构他们自己的理解和解释的愿望。（Webster，1990）不难看出，韦伯斯特是从项目对学生发展的价值的角度确立标准的，这些标准可适用于任何年龄阶段的项目学习。

确定生成性主题是设计素养本位项目学习的第一步。生成性主题是一门课程或学科中最核心、最关键且具有生成性的主题或问题。如生物学中的进化论、世界现代史中的大屠杀、综合实践活动课程中的垃圾分类等。生成性主题既提供探究内容，又提供探究情境。确定生成性主题的基本原则是：（1）一门学科或学习领域中最核心的问题；（2）符合学生的兴趣与经验；（3）体现教师的专业特长；（4）具有生成性和关联性。

确定素养目标是设计素养本位项目学习的第二步。素养目标是学生在探究一个项目的过程中所要达到的概念性理解及核心素养的发展目标。它由三部分组成：（1）大观念：本项目学生要运用的学科、跨学科或超学科关键概念是什么，概念之间相互联系所形成的大观念是什么；（2）新能力：学生探究本项目所要发展的关键能力及品格是什么，学生如何提高"做事"能力而完成项目；（3）新知识：学生探究本项目所需要的关键学科事实或学科知识是什么，学生如何使用这些知识。确定素养目标的基本原则是：（1）体现学科或课程特点；（2）体现主题要求；（3）体现学科、跨学科或超学科大观念的理解程度；（4）表述清晰、具体、简洁；（5）从素养目标中恰当引出贯串项目始终的驱动问题，驱动问题可区分为"概念性问题""事实性问题"与"辩论性问题"。

开发真实表现性任务及评价量规是设计素养本位项目学习的第三步。真实表现性任务是学生完成本项目以后最终要形成的体现核心素养目标发展要求和标准的产品。教师要根据项目目标，让学生承担真实或模拟的角色，面对与项目适切的受众，设计具体要公开展示的产品。教师同时要与学生合作开发评价产品的公开标准及评价量规（评分指南），帮助学生从项目实施的一开始就基于明确的评价标准而进行，便于在完成项目过程中随时根据标准去反思与改进，也便于在项目完成以后对项目质量进行自我评价、同伴评价、教师评价、社会评价。开发真实表现性任务的基本原则是：（1）体现项目素养目标的要求；（2）对学生既具可行性，又有挑战性；（3）具有真实性，适用于真实情境的需要；（4）学生能够运用学科思维完成产品。

规划系列项目活动是设计素养本位项目学习的第四步。将项目素养目标与真实表现性任务结合起来，关注学生的年龄心理发展特点和个性特征，规划系列项目活动。这些活动构成真实表现性任务的子任务，子任务的完成最终累积成真实表现性任务的完成。这个过程既体现概念性理解及核心素养发展的程度性，又体现表现性任务的累积性。规划系列项目活动的基本原则是：（1）体现学习与发展的进阶性；（2）活动之间前后相继，复杂程度逐步增大；（3）每一个项目活动要充分运用与本活动适切的关键概念及大观念、关键知识与技能。

生成性主题、素养目标、真实表现性任务与项目活动是构成项目学习的核心要素，彼此间相互穿插和渗透。由此形成的项目学习计划在实施过程中也要随着活动的进展及时调整和改变。预先的精心设计可以让学生在实施过程中有更多的生成与创造。

（二）素养本位项目学习的实施

有效实施项目学习的关键是理解其发展阶段和构成要素，即其结构问题。关于项目学习的结构，查德曾这样写道：

> 一方面，结构包括了对儿童的限制，当指导原则确立起来之后，儿童并非简单地做他们喜欢的任何事情；另一方面，结构给儿童提供了一个框架，帮助他们理解别人期待他们做的事情。如此说来，结构不仅是限制，还是解放。比如，儿童能够在一个总框架内以独特而灵活的方式完成他们的工作。在此过程中，不同的观点得到确认，且又致力于达到一个共享的目标：使项目成功。
> （Chard，1998）

解放而不放纵，有指导亦有自由，这是教师指导学生进行项目学习的基本原则。

查德据此提出了项目学习的三个阶段和五个特征，这是查德对项目学习结构要素的基本理解，我们可简称为"三五"模型。理解这个模型是实施项目学习的关键。

关于项目学习的三个发展阶段，查德等人写道："项目的结构恰如一个好故事，它们都有开始、中间与结尾。这些结构要素被界定为典型的彼此衔接的三个总的阶段。"（Katz et al.，2000）[71]这样，查德等人就根据一般常识把项目学习分成项目计划与启动、项目实施、项目反思与总结三个阶段。

阶段一：项目计划与启动。"项目工作第一阶段的主要任务是，参与的儿童就选择的主题说出他们已知的信息、观点和经验，以建立项目探究的共同基础。在阶段一，教师帮助儿童对选择的主题建立共享的观点，形成引导其探究的一系列问题。"（Katz et al.，2000）[70] 对特定主题已经知道什么？尚存在哪些需要探究的问题？如何对这些问题展开研究？比如到哪里去访问，访问谁，该做些什么，该探究什么对象，如何表现探究的结果，等等。本阶段要做的主要事情是：创造问题情境，针对主题形成观念图（梳理已有的观念、知识），列举探究问题，制订详尽的研究计划。

阶段二：项目实施。根据预定计划展开项目探究过程，包括到具体情境中展开一系列研究，以及采用各种方式表现自己的研究所得。本阶段要做的主要事情是：准备现场工作（field work），到现场与具体的物、人、情境接触并展开具体研究，对现场工作进行讨论、总结与提升，必要时再次进入现场对遗留问题或新产生的问题进行追踪研究，访问相关人员等。本阶段是项目研究的主体。

阶段三：项目反思与总结。"项目工作第三阶段的主要任务是帮助完成个人和小组的工作，并总结已经学会的东西。在第三阶段，希望绝大多数儿童会对所选择的主题分享彻底的、深入的理解。"（Katz et al.，2000）[72] 在本阶段，教师既帮助儿童反思其探究过程，又帮助儿童用富有想象力的方式如艺术、故事等将所获得的新知识个性化，同时要敏锐地运用儿童的思想和兴趣在已完成的项目和下一个即将探究的项目之间实现有意义的过渡。本阶段要做的主要事情是：反思探究过程和结果，展示探究成果，使获得的知识个性化。

尽管三个阶段在项目发展过程中首尾相接、层层递进，但各阶段的内容却并非呈僵化的线性关系。制订计划的任务不仅出现在阶段一，在阶段二随着项目的进展，预定的计划很可能会不断得到调整，而阶段三又预示着下一个项目的研究计划。不仅在阶段二展开项目研究，阶段一的问题提出和计划制订、阶段三的反思本身就是研究。而项目反思不仅是阶段三的内容，也始终渗透于阶段一和阶段二。

关于项目学习的五个特征，查德等人写道："好的项目工作是教师对项目进行明智的结构化的结果。成功的项目拥有一个由几个结构特征所构成的灵活的框架，这些特征适用于一个项目的所有三个阶段。"（Katz et al.，

2000)⁷³ 查德等人把这五个特征归纳为讨论、现场工作、研究、表征和展示。

讨论（discussion）。这是贯串项目学习始终的特征或要素。所谓讨论，就是"当儿童被鼓励从其生活经验出发协作商谈并发展思想时对事情展开谈论"。(Gallas, 1994) 这种讨论的最大特点是始终存在于孩子们之间、始终基于生活经验，而不是像许多学科教学那样，把讨论作为掌握学科的手段，而最终必须回到老师、回到学科逻辑。

现场工作（field work）。这是带着研究问题和方案到问题或项目所在的现实情境或现场进行观察、访谈、实验、操作、记录等探究和体验工作。从空间上看，这主要是一种走出教室或校园的探究、体验活动。它旨在获取关于问题或项目的一手经验。可以说没有现场工作，就没有真正意义的项目学习。

研究（investigation）。这是项目学习的核心。"项目总包含着某种研究。"(Katz et al., 2000)⁷⁵ 不论是到现场取得一手经验，还是围绕项目从书本或网络中寻找资源，都要经历产生假设、验证假设、完善假设、生成思想等阶段。这是儿童基于生活经验所从事的深度研究，而不是简单的、无目的的玩耍或嬉戏，尽管其中充满了探究乐趣。

表征（representation）。这是儿童用多种方式（如戏剧表演、绘画、建造、文字、图表、音像等）表征其经验、先前知识、问题、研究发现和对结果的解释的过程。"对任何一个项目，教师一开始即可帮助儿童运用所选择的表征方式彼此共享经验、知识和技能。儿童亦可结合表征策略澄清并优化他们计划要共享的信息。"(Katz et al., 2000)⁷⁵ 这样看来，表征既是对所获得的知识的个性化过程，又是共享思想的过程，还是思想不断发展的过程。

展示（display）。这是把课题探究的结果汇总起来，通过某种手段如展板、教师墙壁、书架、桌面等呈现出来，由此进行系统总结、反思、欣赏、评价和提升。在这里，展示带有评价的功能，既有助于反思已有的结果，又预示着未来项目的方向。

这五个特征彼此相互渗透、相互交叉。如研究精神渗透于所有五个特征之中，讨论过程亦可能贯串于现场工作、研究、表征和展示之中。

三个阶段和五个特征之间的关系又如何？根据查德等人的观点，它们之间是复杂的、纵横交织的网状关系。一方面，五个特征可能存在于每一阶段中，不过有所侧重而已。比如，讨论、现场工作、研究、表征和展示都可能在以制订计划为核心的阶段一呈现出来，尽管本阶段的主要特征是讨论、研究和表征。

　　另一方面，每一个特征在三个阶段中的表现形态和功能又不尽相同，呈递进关系。讨论在阶段一表现为分享关于主题的先前经验和当前知识；在阶段二表现为准备现场工作和访谈，评论现场工作，学习二手资料等；在阶段三则表现为准备分享项目的故事，评论和评价项目探究。现场工作在阶段一表现为儿童与其父母谈论他们的经验；在阶段二表现为走出教室到现场做研究，在现场或教室访问专家；在阶段三则表现为用外部的、别的小组的眼睛来评价课题。研究在阶段一表现为根据现有知识基础提出问题；在阶段二表现为研究初始问题，通过现场工作和图书馆研究提出进一步的问题；在阶段三表现为对新问题进行推论和思考。表征在阶段一表现为用绘画、书写、表演等方式分享先前经验和知识；在阶段二表现为现场的草图和笔记，用绘画、文字、数学图表、地图等各种方式表征新学习的内容；在阶段三则表现为浓缩、总结探究故事以便与他人分享探究成果。展示在阶段一表现为分享个人经验的各种表现；在阶段二表现为分享新经验和新知识的各种表现，不断记录项目工作；在阶段三则表现为总结整个项目学习。

　　由此看来，这五个特征不仅是一个项目学习的结构要素，而且是衡量项目学习是否有效实施的标准。只要落实了这五个要素，项目学习就能得到有效实施。

　　项目学习在我国最早得到系统倡导和实施的时间是1922年新学制与新课程改革时期。当时我国沿海地区几乎每一所小学都常态开展项目学习。新中国成立后我国第一次系统倡导项目学习始于2001年课程改革。这次改革既倡导"自主、合作、探究"的学习方式，又将"研究性学习"和"综合实践活动课程"纳入国家必修课程。如今，素养本位课程改革强调深度学习、概念性理解和以核心素养为导向的改革目标，项目学习又一次被系统提倡，并发展为集项目课程、项目教学、项目学习和表现性评价于一体的新形态，它必将在我国构建信息时代基础教育课程与教学新体系的过程中发挥关键作用。"学生即项目""学习即创意物化""创中学"等观念必将随着项目学习的深入开展而日益深入人心，最终帮助每一个学生和教师一起成为信息时代负责任的创造者。

第九章
素养本位评价：
让学生在表现素养中发展素养[①]

《义务教育课程方案（2022年版）》指出："创新评价方式方法。……注重动手操作、作品展示、口头报告等多种方式的综合运用，关注典型行为表现，推进表现性评价。"这明确肯定了表现性评价对发展学生核心素养的价值，表现性评价是素养本位课程体系的主要评价方式。如何确立素养本位教育评价观、设计并实施表现性评价，是当前课程改革的关键问题。

---

① 本章与杭州师范大学教育科学研究院郭元勋合作写作。

一、素养本位教育评价观

我国正阔步迈入信息时代。信息时代的教育以发展学生的核心素养为根本目标。由于信息技术的使用范围不断扩展、计算机的功能日益强大，人必须发展计算机所不能取代的能力，方能在信息时代更好地生活。"核心素养"一词的主要内涵是：人通过学习所获得的计算机及人工智能所不具备的能力。它是人面向未来所必须具备的"新能力"。笔者认为这种"新能力"大致包括两类：一是以道德意识与审美判断为核心的"人性能力"；二是以批判性思维、创造性思维和协作性思维为核心的"高级能力"。核心素养就是人性能力与高级能力的融合。

一种能力越人性化、越高级，就越难以评价或测量。无论评价或测量技术多么发达、翻新多少花样，对核心素养评价而言，它总有鞭长莫及的方面，而且很可能是人性或人的智力中最核心、最重要的方面。至于传统的纸笔测验，在评价核心素养时，其局限性就凸显出来了。哲学家维特根斯坦（Ludwig Wittgenstein）尝言，我们要学会对不能言说的东西保持沉默。核心素养恰如一座冰山，大部分淹没在水下，对水下的部分，我们要学会"不评价"。所谓"不评价"，就是教育者面对任何学生的时候，始终保持谦卑的态度去尊重、理解与欣赏。无论肯定性还是否定性评价，往往将评价者与被评价者变成主体和客体的关系，由此容易滋生傲慢与控制。对发展核心素养而言，第一种需要确立的评价观念是"不评价"。当广大教育行政人员、教师、家长和社会学会不评价学生的时候，我们就向素养教育迈出了一大步。

一种能力无论多么高级和人性化、无论多么神秘，它总要有所表现。倘若永远"沉在水下"、永不表现出来，我们怎样知道它是否存在？行为主义者将素养（competence）简单等同于表现（performance），这显然是错误的。因为人们可轻易模仿和训练某种外部表现，但却不一定具有相应素养。语言学家乔姆斯基在 20 世纪 60 年代曾深刻指出这一点，并由此宣告了行为主义的破产。当我们摆脱了行为主义的桎梏，就可以确立一种"新表现观"，从而理解素养与表现之间的复杂关系：一种素养可以有多种表现，既包括不同人的个性化表现，又包括同一个人在不同情境中的表现；一种表现可能体现不同的素养，既可能是不同类型的素养，又可能是不同发展水平的素养。当我们确立起这种"新表现观"时，"表现"一词就焕发新的生命力，成为评价并促进学生核心素养发展的重要观念。借此观念可以形成素养教育的新思路、新途径：让学生用个性化、多元化的方式充分表现核心素养，并由此促进其发展。哈佛大学珀金斯教授曾把"理解力"界定为人在情境中灵活表现的能力。当教师无论面对"跨学科核心素养"（如批判性思维），还是"学科核心素养"（如语文的"语言运用"、美术的"图像识读"等），始终思考：这个素养的可能表现是什么？创造什么情境可以让学生充分表现？在学生的表现过程中应该如何提供帮助？怎样理解与评价学生的表现过程及结果？……我们可由此确立指向核心素养发展的第二种评价观念：表现性评价。其核心内涵是：理解核心素养的可能表现；创设促进核心素养表现的真实任务情境；研究学生运用学科观念解决问题的思维过程；评价学生问题解决及观念物化的结果，如研究报告、作品、实物等；让评价始终嵌入教学过程并促进学生的核心素养发展。

这是否意味着以传统纸笔测验为主体的标准化评价应该退出历史舞台？不。素养教育以核心素养发展为目标，但并不忽视知识与技能的培养；它将学科教育的重心转向学科核心观念的理解与运用，但并未否定学科事实。恰恰相反，由于素养教育崇尚新知识观——理解本位、实践取向的知识观，知识技能熟练、学科事实掌握由此走出了"反教育"的泥沼，真正具有了教育价值——促进人性能力与高级能力的发展。知识技能因被使用和创造而变得熟练，成为素养发展的"副产品"。一切学科事实都是人基于学科观念而创造出来的，人只有理解学科事实所体现的学科观念，才能真正形成学科思维。理解了知识技能与素养、学科事实与学科观念的关系之后，传统的纸笔测验经过改造可继续使用。我们把基于核心素养的发展要求而重新改造和优化了的纸笔测验称为"新型标准化评价"，它构成素养教育的第三种评价观念。其主要内涵是：第一，体现不评价的理念，充分尊重和保护学生的人格，如严格禁止在任何时候、任何地点对学生的学业成绩进行排名；第二，成为表现性评价的补充，并使二者形成有机联系，彻底根绝"刷题"现象；第三，纸笔测验本身尽可能开放，体现学生对学科观念的理解、应用与创造。

总之，不评价、表现性评价与新型标准化评价的互动与融合共同构成了素养本位教育评价观。它将评价本身视为教育过程，不再只是对教育结果的检测。

二、像教练一样思考

威金斯和麦克泰因"逆向设计"而闻名。逆向设计是为理解而教的一种设计模式，其主要特点是以终为始，包括"确定预期结果、决定评价证据、计划学习经验与教学"三个阶段。评价处于三阶段论的中间阶段，它一方面为判定学生是否达到预期结果提供依据，另一方面指引着学习经验的设计。教师如何设计评价？威金斯和麦克泰提倡"像评估员一样思考（Thinking like an Assessor）"。（Wiggins et al.，2005）[146]

其原因主要有二。第一，确保评价的效度（validity）。评估员因其职业性、专业性为特定领域设计评价内容，而评估员往往通过行业专家对评估设计进行"再评估"，这一过程突出了评估员设计评价的科学性，科学性确保并强化了评估的效度。"经过近十年的观察，我们发现很少有教育者对有效性有一个充分的理解。"（Wiggins et al.，2005）[148] "像评估员一样思考"意味着要科学设计评价，经由最适当的评估证据保证评价的有效性。第二，确保评价的信度（reliability）。量规设计是评估员评价设计的重要构成，量规的存在有效维护了评价的公平性。倘若脱离了量规，即使评价内容再科学，评价结果也难以维系其可信度。因此"像评估员一样思考"意味着评价要关注标准的公平性，以此确保评价的信度。

但"像评估员一样思考"就能确保评价的效度与信度吗？为保证评估员的价值中立与评价的公平性，评估员往往与被评估者相分离，"非参与性"（non-participatory）是评估员的显著特点。非参与性是指评估员脱离被评估者的日常实践，通过计划的指标对评估者的实践结果做出评价。因此，此种评估员评价本质上是一种"非参与式评价""终结性评价""旁观者评价"。"像评估员一样思考"的评价设计在实施阶段至少有如下弊端：第一，技术主义。非参与性意味着评估员以旁观者身份进行评价，评价严格遵照预设的内容与标准，这忽略了被评估者的自身特点、情境的复杂性，从而使评价陷入非人性化、僵化的技术主义窠臼。执简御繁的技术主义过分关注评价的程序化、技术化，进而淡化了评价的本质功能——经由反馈促进人的反思与发展。第二，权威主义。评估员既是评价内容、评价标准的设计者，又是使用者、评分者，被评估者的观点剥离于评价设计之外。话语的主导权使评估员成为事实上的权威。权威主义扭曲了评价本身，它使评价异化为被评估者遮蔽自身，进而迎合权威的状态，这凸显了评价的无效性。"像评估员一样思考"割裂了评价的设计与实施，实施阶段技术主义与权威主义的叠加非但无助于维护评价的效度与信度，而且极大损害了评价的有效性与可信度。

素养本位表现性评价设计呼唤"像教练一样思考"（Thinking like a Coach）。这种评价设计具有如下特点。第一，突出设计性。评价设计既包括课程开发阶段的设计，也包括实施过程中的反思性设计，既包括教师自我及教师之间的设计，也包括师生合作设计，这恰似教练赛前整体设计比赛及在比赛过程中根据队员表现、对手战术的调整性设计。它统筹预设与生成、目标与过程的关系，是一种民主的设计观。第二，关注过程性。评价设计不仅存在于课程开发阶段，也存在于课程实施阶段。实施阶段的评价设计根源于学生的生成性表现。学生学习过程中的生成性表现要求教师及时反馈并生成新的评价活动，这体现了评价设计的生成性、过程性，恰如教练基于队员场上表现做出诸如暂停、换人等系列评价行为。第三，强调参与性。教师与学生同为评价设计与实施的主体。教师的主体性体现在教师是评价设计的"首席"。教师的身份与专业性决定了教师是设计师、组织者、引领者，教师需在评价设计中贡献更多的智慧。学生的主体性一方面体现在评价建议及生成性表现能够得到倾听，进而或被采纳或得到反馈并有机会改进，另一方面体现在直接参与评价设计。无论是哈佛大学"零点项目"抑或国际文凭组织均指出，教师与学生要一道设计评价的成功标准。师生的主体性表明了评价设计中的深度参与性。师生合作、共同推动评价的设计与实施，这恰似教练会倾听队员的诉求、建议，在深度合作中寻求赢得比赛。第四，注重反思性。反思贯串评价设计的始终，这意味着教师以开放的心态悦纳各方意见，以促进评价设计的人性化、科学性与有效性。这一如教练听取各方反馈，及时反思与改进。总之，"像教练一样思考"的评价设计并非关注评价设计的技术性方面，而是要求在师生共同参与中持续反思、改进并完善评价过程，以促进评价的持续性、有效性。

"像教练一样思考"要求素养本位表现性评价遵循以下两条线索进行设计：一是证据线索；二是标准线索。无论是威金斯、麦克泰还是"零点项目"成员，均认为表现性评价设计要思考上述两条线索。

威金斯和麦克泰认为评价设计需回答三个基础性问题，即我们需要什么类型的证据证明学生达到了包括理解在内的教学目标？在学生的反应、作品或行为中，哪些具体特征能决定他们达到预期结果的程度？我们所提出的证据能否让我们推断出学生的知识、技能或理解？（Wiggins et al.，2005）[151] 这三个问题分别指向的核心概念是"证据""标准"及"反思"。"像教练一样思考"的评价设计将反思置于评价设计的始终，而非仅仅在实施结束后展开反思。哈佛大学"零点项目课堂"（Project Zero Classroom）教育主席布莱斯（T. Blythe）认为评价设计要关注两方面，一方面是在单元开始阶段、实施过程中以及结束时应分别设计不同类型的理解性评价，另一方面是使评价具有持续性。"为理解而学中，学生借助标准、反馈与思考机会促进理解，这一过程称为持续性评价（ongoing assessment）"。（Blythe et al.，1998）因此，布莱斯在评价设计中也强调"证据"与"标准"两个设计维度。

关于证据线索，是指表现性评价设计需在教学过程中设计形式多样、类型丰富的证据，如此才能在教学过程中收集学生概念性理解的大量证据，形成"证据集"。威金斯和麦克泰用"评价连续体"（continuum of assessment）指代各类评价证据。在他们看来，评价证据总体上可分为两类，即

"表现性任务"与"其他证据"。其他证据又包括"对理解的非正式检查"（口头提问、观察、对话等）、"测验与考试"（tests and quizzes）及"学术提示"（academic prompts）。各类评价证据是根据"它们在规模（从简单到复杂）、时间范围（从短期到长期）、情境（从非真实到真实）以及框架（从高度结构化到非结构化）等方面"的不同划分的。（Wiggins et al., 2005）[152]密歇根评估联盟（The Michigan Assessment Consortium，简称MAC）根据"评价所需的时间与是否为学生提供改进他们原初回答的机会"将表现性评价分为表现性任务与表现性事件（performance events）。（The Michigan Assessment Consortium，2017）在密歇根评估联盟看来，表现性任务需要学生花费数日乃至数月来完成一项任务，而"表现性事件是一种按需进行的表现性评价，在这种评价中，学生只需很少的时间进行回答，也仅有有限的机会来改进他们的表现"。（The Michigan Assessment Consortium，2017）密歇根评估联盟根据时间对表现性评价进行类型划分，所需时间少也就意味着规模上的简单以及高结构化的框架，因此，表现性事件与威金斯和麦克泰评价类型中"对理解的非正式检查""学术提示"相一致。

综合两者对表现性评价的分类，我们将表现性评价分为"表现性任务"与"表现性事件"两大类，表现性事件又分为"对理解的非正式检查""学术提示"。需指出的是，测验与考试是用来判定学生知识与技能的评价类型，它至多有助于学生理解，而非指向学生概念性理解的评价证据。因此，表现性评价类型只包含表现性任务与表现性事件。

关于标准线索，是指每一类评价证据均需设计相应的成功标准、量规以评定学生的学习质量。"成功标准描述了学生如何知道他们已实现预期学习目标。"（Shiel，2017）[106]它有效保证了评价的公平性、反馈的及时性。成功标准除需师生共同设计外，还需提前公布，让学生明确学习的方向。

两条线索在逻辑上相互独立，在具体设计层面相互依存、相互交叉，共同维系评价设计的效度与信度。总之，素养本位表现性评价设计就是遵循两条线索设计各类评价证据及其相应的成功标准、量规。表现性评价的类型如图9-1所示。

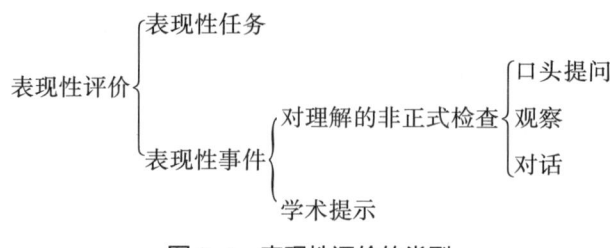

图 9-1　表现性评价的类型

三、确立"新三维目标"

确立目标是评价设计的基础与前提。倘若目标解决的问题是"我要到哪里",那么评价设计要解决的问题是"如何确定我已到达目的地"。目标是评价设计的前提。埃里克森指出:"概念为本的课程设计需要教师清晰地表达他们希望学生知道什么、理解什么、能够做什么。"(Erickson et al., 2014) 埃里克森由此明确提出 KUD 的课程目标。U 即概念性理解、大观念,K 与 D 分别指主题单元探究中用到的知识、技能。我们可据此提出由大观念、新知识、新能力构成的"新三维目标"。"新三维目标"将概念性理解置于课程目标的中心,知识、技能转化为获得大观念的工具,课程目标由此实现重心的转移。我国教师长期围绕"三维目标"展开课程设计,在信息时代的今天需要重新反思。"新三维目标"主张将传统"三维目标"置于学生真实学习情境,并将知识与技能提升至观念层面,学生因此既能获得"情感体验",又能获得"理智发展"。因此,"新三维目标"是对传统"三维目标"的融合与超越。

如何确立"新三维目标"?**首先,撰写大观念**。"新三维目标"聚焦大观念,撰写大观念是确立"新三维目标"的核心,同时也是课程设计的关键。埃里克森将大观念称为概括(generalization),并指出"概括是概念关系的陈述"(Erickson, 2008)[87]。这包括两层含义:第一,概念是撰写大观念的工具。埃里克森区分了概念与观念,并将概念作为获得观念的"棱镜""视角",这意味着撰写大观念首先要确定概念。第二,大观念可表述为命题。在表达层面,大观念既不是疑问句,也不是否定句,而是陈述句,是建基于概念关系的命题。因此，撰写大观念首先要围绕主题单元选取核心概念，进而在主题情境中将概念之间的关系用命题的呈现方式表达出来。例如，《义务教育数学课程标准（2022年版）》在"综合与实践"学习领域规定第一、二学段学生均要学习"位置与方向"的课程内容，"位置与方向"单元可提取"参照物""位置""方向"三大核心概念，继而形成"参照物有助于准确确定位置与方向"的大观念。**其次，确定新知识与新能力**。新知识、新能力是在主题单元探究中围绕概念性理解学生必须学习运用的知识与技能，以大观念统摄知识技能，能有效解决传统教学中只注重知识与技能学习的"宽度"，而忽略知识与技能学习的"深度"问题。需说明的是，由于课程设计分为整体设计与精细设计两部分，"新三维目标"是课程整体设计的构成。因此，新知识、新能力在此可提纲挈领、概括式地表述，具体的知识技能在精细设计中完成即可。表9-1是"位置与方向"单元"新三维目标"的完整示例。

表9-1 "位置与方向"单元"新三维目标"设计[①]

主题	位置与方向
核心概念	参照物、位置、方向
大观念	参照物有助于准确确定位置与方向
新知识	1. 方向的类型 2. 位置与方向的关系 3. 认识位置与方向的方法
新能力	1. 合作能力、创造能力 2. 归纳概括能力

四、设计成功标准

目标与成功标准（success criteria）相互依存、结伴而行。希尔（Trancey K. Shiel）说："可以将学习意图与成功标准想象成为一对结婚五

---

① 根据《义务教育数学课程标准（2022年版）》"综合与实践"学习领域的内容设计。

十多年的幸福夫妻。"（Shiel，2017）[105] 没有课程目标就没有成功标准，课程目标是成功标准的基础与前提；成功标准是课程目标的指针与衡量器，两者的"联姻"使师生共同聚焦学习。因此，"新三维目标"确立后，要统筹设计单元成功标准。围绕"新三维目标"设计单元成功标准具有如下意义：第一，指引价值。逆向设计将目标与评价设计置于学习活动设计之前，学习活动要参照目标、评价进行设计。围绕"新三维目标"设计单元成功标准本质上是根据理解性表现与学习内容将"新三维目标"具体化，它清晰地阐述了学生的学习标准。这意味着成功标准为学习活动设计提供了方向与框架，对学习活动设计具有指导意义。第二，反思价值。成功标准为教师在单元教学结束时评价与反思学生学习提供标准，同时为教师反思课程设计与实施提供工具。这种持续性反思促进了教师课程设计与评价设计能力的提高。第三，学习价值。如上所述，无论是哈佛大学"零点项目"抑或国际文凭组织，均呼吁教师与学生一道设计评价的成功标准。师生共创成功标准既会激发学生学习的热情，也会不断提升学生的评价能力，使学生成为有能力的评估者。

成功标准可借助 SOLO 分类理论进行设计。SOLO 分类理论是学者彼格斯（J. Biggs）与科利斯（K. Collis）提出的。在他们看来，一个人在回答某个问题时所表现出来的思维结构与这个人的总体认知结构没有直接的联系。他们将人的总体认知结构称为"假定的认知结构"（Hypothetical Cognitive Structure，简称 HCS），并认为"它是纯理论性的概念，是不可检测的"。（彼格斯 等，2010）[2] 事实上，一个人在回答某个问题时所表现出的思维结构是可检测的，是"可观察的学习结果结构"（Structure of the Observed Learning Outcome，简称 SOLO）。他们在对不同年龄和不同学科学生的思维进行分类总结后，提出了 SOLO 分类理论。SOLO 分类理论是描述学生思维和理解复杂程度的模型。它由五个思维水平构成：构成浅层理解的前结构水平、单点结构水平与多点结构水平；构成深度理解的关联结构水平、抽象拓展结构水平。希尔运用 SOLO 分类理论设计成功标准时，强调 SOLO 动词的使用。在她看来，不同的动词代表着不同的思维水平，"SOLO 动词+学习内容"构成成功标准。希尔成功勾勒了成功标准的设计方法与表述方式，但她将由 SOLO 动词与学习内容构成的具体成功标准作为体现学生思维水平的唯一标准显然是不够的，这主要是因为学生在真实学习情境中会使用不同 SOLO 动词来展示学习水平。国际文凭组织在运用 SOLO 为某一任务设计成功标准时规避了这一问题。他们首先在任务情境中对不同的 SOLO 水平做出整体说明，进而对每一水平举出成功标准的事例。这既让学生理解了 SOLO 水平的内涵，也能对学生学习过程中生成的学习结果做出有效判断与评估。综合希尔与国际文凭组织运用 SOLO 设计成功标准的观点，我们也为成功标准开发了工具（示例详见表 9-2）。

表 9-2 "物质的形态与变化"单元成功标准设计[①]

新三维目标 大观念 新知识 新能力	单点结构	多点结构	关联结构	抽象拓展结构
	浅表层次的成功标准		深度层次的成功标准	
水平说明	学生表现出对任务的一个组成部分或任务不同组成部分的一个方面的理解。	学生可以理解任务的不同组成部分，但对任务每个组成部分的理解是离散的。围绕一个问题的观点和概念是不相关的。	学生能领会部分与整体关系的重要性。学生能够： ● 展示出对概念上整合的几个部分的理解； ● 展示出对部分如何在整体中起作用的理解； ● 将此概念应用于熟悉的问题分析中。	学生不仅在主题单元内建立联系，而且与主题单元之外的知识、经验也建立联系。他们能够概括和迁移原理与观念。学生的概念化程度超过了主题单元教学中所涉及的内容。
SOLO 动词	说出、标注	列举、找出	对比、分析、解释	预测
成功标准： 当我们能够"……"时，我们就成功了	1. 说出物态变化的一个类型 2. 标注出物态变化与温度间的一种关系	1. 列出物态变化的全部类型 2. 找出不同物态变化类型与温度间的关系	1. 对比物态变化不同类型之间的区别，并分析这种区别的原因 2. 解释物态变化类型与温度关系的原因，并说明由此产生的结果	预测假如世界缺少了升华这类物态变化，那么世界环境会发生怎样的变化，我们该如何应对？

---

① 根据《义务教育物理课程标准（2022 年版）》"物质的形态与变化"主题并结合其内容设计。

该工具囊括了"新三维目标""SOLO 层次",并基于上述两个方面设计"水平说明""SOLO 动词"与"成功标准"三个维度,体现了成功标准设计的内在逻辑。需指出,成功标准设计工具不仅用于"单元成功标准"的设计,也可用于某一特定任务(如表现性事件)成功标准的设计。

五、表现性任务设计

课程与评价目标决定评价方式。倘若课程目标是学生掌握事实性知识与技能,那么传统的纸笔测验是可选择的评价方式,这是因为"这种评价易于管理,并能在相对较短的时间内提供关于学生内容知识的大量信息"。(The Michigan Assessment Consortium,2017)但当课程目标将概念性理解置于核心时,纸笔测验就失效了,这主要是因为"知识、技能本身无法保证被理解。人们在不理解或不知何时运用知识、技能的情况下也可以获得知识与技能"。(Perkins,1993)表现性任务是为理解而教的主要评价方式。威金斯说:"评价必须锚定并专注于真实任务,因为它们为知识与技能日复一日的发展提供有效的方向、理智上的一致性和动力。这些任务从来不是第一次就能完成。"(Wiggins,1998)[21] 表现性任务使学生思维可视,使学生理解力可评。什么是表现性任务?安斯沃斯(L. Ainsworth)将表现性任务界定为"通过创造一个可以用评分量规进行评估的作品或表现,使学生能够运用他们正在学习的概念与技能"。(Shiel,2017)[37] 这意味着表现性任务内在地包含"任务设计"与"量规设计"两部分,两者缺一不可,共同构成表现性任务。

在任务设计层面,希尔认为任务设计需包含基本要素与学生指导两部分。基本要素由真实任务(Authentic task)、角色/职位(Role)、对象(Audience)、激励性情境(Motivating context)构成,学生指导则是将上述基本要素进行整合并形成的完整陈述,它使学生更为清晰、完整、全面地理解任务。此外,希尔认为学生指导部分要明确指出学生在任务完成中需提供的产品或表现。希尔将产品或表现从基本要素中剥离开来,倘若像威金斯那样在任务设计中不设计学生指导部分,那么学生如何知道自己的学习结果呢？希尔将学生指导作为任务设计的有机构成部分，避免了任务设计的原子主义倾向，也有益于学生整体理解任务。威金斯和麦克泰为任务设计开发了 GRASPS 工具。GRASPS 工具的"每一个字母对应一个任务元素——目标（Goal）、角色（Role）、对象（Audience）、情境（Situation）、表现或产品（Performance/Product）和标准（Standards）"。（Wiggins et al., 2005）[157-158] 任务设计即根据任务要素一一进行设计。由于缺乏像希尔所提倡的学生指导环节，威金斯和麦克泰主张利用 GRASPS 工具进行任务设计的做法具有某些原子主义倾向。综合两种观点来看，任务设计一方面需考虑以下要素：目标、角色、情境、对象、表现或产品以及标准，另一方面也需围绕任务要素进行完整清晰说明，即设计学生指导环节。由此我们以 GRASPS 工具为主体，融合希尔的合理主张，为任务设计开发新的 GRASP 工具（示例见图 9-2）。全新的 GRASP 工具由任务要素及学生指导构成，在此，我们将威金斯等所主张的"标准要素"融入"量规设计"中而保留了其他要素。新 GRASP 工具既为任务设计提供了支架，也能保证学生及未使用过该工具的人有效理解任务。

GRASP 真实表现性任务

——"动脉与静脉"之设计人造动脉

任务要素

目标 （Goal）	角色 （Role）	对象 （Audience）	情境 （Situation）	产品 （Product）
综合运用主题单元所学知识、技能以及观念为高血压患者设计人造动脉	心血管医生	高血压患者	心血管医生每天面对很多高血压患者，他们需要更多的治疗方法以缓解或消除高血压患者的痛苦	人造动脉

学生指导

根据目前公布的数据，我国高血压患者人数已超过 3 亿，患者不再是中老年人，越来越多的年轻人也受到高血压的困扰。作为一名心血管医生，看到如此多的人患有高血压并饱受高血压带来的痛苦，你想要给高血压患者设计一款新产品，帮助他们缓解或消除高血压带来的痛苦。请你综合运用主题单元所学知识、技能以及观念为高血压患者设计人造动脉。

图 9-2 GRASP 工具及示例[①]

---

① 根据《义务教育生物学课程标准（2022 年版）》"人体生理与健康"学习主题的内容设计。

在量规设计层面，威金斯、麦克泰与希尔展示了迥异的设计方法与呈现方式。"量规是基于标准的评分指南，由固定的质量等级构成，并详细描述了每一等级的特征。量规描述了质量等级、熟练程度或者连续的理解。"（Wiggins et al.，2005）[173] 量规可分为整体型量规（holistic rubric）与分析型量规（analytic rubric）。整体型量规适用于终结性评价，它仅对学生任务的完成情况进行整体评价，常表现为一个分数或等级。分析型量规适用于过程性评价，它在不同维度上对学生的任务完成情况进行描述与评价，从而更好地反馈与反思改进。威金斯、麦克泰与希尔在分析型量规设计思路上大体一致，他们均认为分析型量规应由"维度""质量等级""成功标准"构成，但他们在具体设计方法与呈现方式上却大相径庭，这根源于他们迥异的成功标准设计方式。威金斯等人认为，"副词+动词+内容"构成成功标准，如"非常清晰地/清晰地/较为清晰地/无法清晰地表达文中主人公的观点"。他们强调使用副词加以区分质量等级与理解程度。如前所述，希尔则主张"SOLO动词+学习内容"的成功标准设计方式，她强调用成功标准完成的数量与质量来描述和衡量学生任务完成的质量等级。其量规设计的具体方法为首先确定"满足成功标准"这一质量等级的一套标准，"超出成功标准"质量等级则是在"满足成功标准"的基础上再增加几条标准，"接近成功标准""远未达到成功标准"则视未完成"满足成功标准"的数量而定。量规设计的重要目的是克服教师评价的主观性，进而为教师评价提供客观标准，保证评价的客观性与信度。

由此看来，尽管威金斯等人以副词区分学生理解程度的主张在逻辑上毫无问题，但在评价实践中难以实现，因为教师难以区分诸如"熟练地""较为熟练地"这类程度相近的表述，教师评价依然有很大的主观性。综合威金斯等人与希尔的观点，我们为分析型量规设计开发了相应工具。该分析型量规设计工具（示例见表9-3）由"任务维度"与"成功标准"构成，每一维度均有数量、质量不等的成功标准加以说明。

表 9-3 "美国政府"单元分析型量规设计[①]

任务维度	超出成功标准	满足成功标准	接近成功标准	远未达到成功标准
内容	除了成功标准中所列出的基本要求外，还包括： • 对比与分析中美两国政府运行中的异同，并设计政府改进的方案	• 陈述美国多党制的构成及其内容 • 定义、描述美国政府组建与运行所体现的基本原则 • 阐释各项原则的价值，并预测如果某一项原则不存在，美国政府会有何变化 • 解释美国多党制之间相互牵制的原因 • 系统阐释、评价美国政府在世界中的作用	至少要满足成功标准所列出的 4 项基本要求	未达到成功标准所列出的 4 项基本要求
表达	除了成功标准中所列出的基本要求外，还包括： • 借助技术手段（如使用不同的阴影、图形、图片）来增强对读者的吸引力	• 语句通顺，无错别字、无歧义 • 章节标题便于读者理解 • 思路清晰、文字表述有逻辑 • 观点表达客观、有理有据	至少要满足成功标准所列出的 3 项基本要求	未达到成功标准所列出的 3 项基本要求

六、表现性事件设计

如前所述，表现性事件是素养本位表现性评价的有机组成部分，它丰富了表现性评价的类型，推动素养本位表现性评价实施的多样化。表现性事件的设计与实施具有如下价值。

第一，促进学生深度学习。"整个单元实施中，都要有机会评估学生的理解能力。如果评价只发生在单元结束，那么它就不是持续的，也不能帮助学生发展与完善他们的理解。"（Blythe et al., 1998）表现性任务往往置

---

① 根据《普通高中思想政治课程标准（2017 年版）》"当代国际政治与经济"模块内容设计，"美国政府"单元的表现性任务为设计美国政府的学习手册。

于某探究活动或单元结束时，通过设置真实情境让学生迁移并运用观念、知识、技能来解决复杂问题，因此它无法评估表现性任务之前学生在学习过程中的理解程度。多样的表现性事件嵌入学生学习过程，由浅入深、由简到难的表现性事件推动学生思维水平的提高与理解的深入，评价即学习。

第二，调整与规划教学。表现性事件需要反馈，反馈既可以是非正式的（如课堂讨论中对学生的回答做出回应、评价），也可以是正式的（如通过演示文稿对某一问题或学生表现做出评价）。无论是正式反馈抑或非正式反馈，对学生的评价不仅要包括他们当下的表现，还要包括他们如何改进表现的建议。这种反馈要求教师及时调整与规划教学活动，以确保学生学习的完整性与深度。总之，表现性事件与表现性任务相互补充，共同促进教师的教与学生的学。

可借助理解六面（Six Facets of Understanding）进行表现性事件的设计。威金斯等提出理解六面并将其作为方法广泛应用于本质问题、量规、学习活动等设计中。在威金斯和麦克泰看来，"书呆子与学究等词语表明纯粹的知识可能是虚假的理解，并且学太多可能不利于理解"。（Wiggins et al.，2005）[82] 因此，他们重新理解"理解"并提出理解六面。

理解六面具体包括"解释"（explanation），即恰当地运用理论合理地说明行为和观点等；"阐明"（interpretation），即提供意义的阐释与转述；"运用"（application），即在全新的不同现实情境中有效使用知识；"观点"（perspective），即具有从不同视角看待事物的能力；"移情"（empathy），即感受他人感受与认识他人世界观的能力；"自知"（self-knowledge），即知道自己的思维模式与行为方式是如何促进或妨碍理解的。理解六面意味着理解是复杂、多维的概念。威金斯和麦克泰将理解六面整合融入评价设计，以此绘制"评价蓝图"。由于表现性任务已有专门的设计工具，因此我们将他们提出的"如果……那么……因此……"工具用于表现性事件设计。"如果……那么……因此……"作为一种评价设计工具，其完整表述是"如果预期结果是让学生（理解……），那么你需要学生有证据表明他们能（解释/阐明/运用……），因此需要这样的评价……"（示例见表9-4）。在具体设计过程中理解六面可不必面面俱到，只需根据主题单元及理解目标选择合适的方面进行设计即可。"如果……那么……因此……"工具体现了表现性事件设计的逆向逻辑。

表 9-4 "如果……那么……因此……"工具及示例（Wiggins et al., 2005）[162]

阶段 1	阶段 2	
如果预期结果是让学生……	那么你需要学生有证据表明他们能……	因此需要这样的评价……
理解 ● 均衡的饮食有益于身心健康。 ● 美国农业部食物金字塔提供的相关营养指南。 ● 个人饮食需求因个体的年龄、活动量、体重和整体健康状况的不同而不同。 ● 健康的生活需要个体根据可用的、全面的营养信息来采取行动，即使这意味着要打破舒适的习惯。	**解释** ● 均衡饮食 ● 营养不良的后果 ● 为什么我们拥有可用的信息却还是吃得不营养 **阐明** ● 食物营养标签 ● 快餐影响饮食模式的数据 **运用** ● 规划健康的饮食菜单 ● 评价不同的饮食计划和日常饮食 **观点** ● 其他文化背景和地区的人们的饮食观念和习惯 **移情** ● 因身体状况需限制饮食的人 **自知** ● 个人饮食习惯 ● 对你有益的食物是否都是难吃的	● 口头提问：描述你的生活由于身体状况（如糖尿病）如何受到（或将如何受到）饮食限制的影响。 ● 观察与对话：为班级聚会设计一份健康、美味且包含小吃的菜单。 ● 学术提示：1. 开展关于地区（如南极洲、亚洲、中东）不同饮食习惯对健康和长寿影响的研究。 2. 讨论快餐的流行和在当今快节奏的生活中保持健康饮食面临的挑战。 (作业：1. 撰写日志：反思你是哪种程度的健康饮食者？你将如何成为一名更健康的饮食者？ 2. 设计一本小册子，以帮助年轻学生了解何谓均衡饮食，以及不良饮食引起的健康问题。)

表现性事件同样需要设计标准以进行学习评价与反馈。表现性事件类型多样，学生对某一问题的回答或表现具有不可预测性、复杂性与生成性的特点。对于需要非正式反馈的表现性事件，教师可运用通用标准进行评价与反馈。我们根据 SOLO 分类理论设计出了通用标准（见表 9-5），它由"学习结果""理解水平""水平标准"及"举例"四部分构成，直观地反映出学生当下的学习水平与思维水平，为持续改进学习奠定基础。对于需要正式反馈的表现性事件，教师既可运用通用标准进行评价，也可使用成功标准设计工具为某一表现性事件设计专门标准。表现性事件的评价标准以通用标准为主，以为特定事件设计的专门标准为补充，两者共同支持教师、同伴及自我评价。

表 9-5　表现性事件通用标准

学习结果	理解水平	水平标准	举例
浅层学习	前结构水平	1. 儿童无法领会任务的意思。	
		2. 儿童无法将知识、技能、理解运用至情境任务中。	
	单点结构水平	1. 儿童只能完成任务的一小部分，理解是片面的。	
		2. 儿童只能运用一种知识、技能。	
	多点结构水平	1. 儿童能够根据情境问题完成任务的多个点，但在这些点之间无法建立联系。	
		2. 儿童还无法用整体观点统领任务完成。	
深度学习	关联结构水平	1. 儿童能够考虑任务点之间的关联，从而形成完整的、有一定逻辑的观点。	
		2. 能够灵活运用情境素材、知识与技术。	
	抽象拓展结构水平	1. 儿童能够提出自己的思路、想法，并将任务完整、清晰、有逻辑地呈现出来。	
		2. 儿童根据已有知识、经验，超越情境，将经验巧妙融合进任务。	

素养本位课程改革新时代，表现性评价是必需品而非奢侈品。让我们行动起来，让学生在表现素养中发展素养，让评价真正成为促进核心素养发展的教育性评价。

第十章
教师核心素养与教师课程领导：素养本位课程改革对教师的期待

素养本位课程改革呼唤素养本位教师教育。只有具备核心素养的教师才有可能帮助学生发展核心素养。因此，我们需要同步将未来教育观与核心素养观作为核心理念，构建信息时代教师教育新体系。

未来学生需要未来教师来培养。未来教师意味着教师需要持续发展核心素养。发展教师课程素养，让每一个教师成为课程领导者，让每一个教师具备并持续发挥教学想象力与创造力，是素养本位课程改革的内在要求。

一、未来教师

　　未来教育呼唤未来教师。什么是未来教师？索耶（R. K. Sawyer）做出如下界定：未来教师将是受过高级训练的专业人员，使用技术游刃有余，对学科有深刻的理解，能够对每一堂课不断涌现的独特心流（flow）做出即兴回应。（Sawyer，2014）[737] 教师教育项目必须为未来学校培养教师——这些教师是学科内容专家，谙熟关于人是如何学习的最新研究，能够创造性地回应学生以支持每一个学生的最佳学习。（Sawyer，2014）[744]

　　信息时代的人类社会是知识社会，人的知识和观念变成了"商品"，创新能力变成产品"附加值"，经济由此成为"有灵魂的经济"，简单工作逐渐被人工智能所代替，社会职业日益依赖于人的专家思维和复杂交往能力，整个社会的专业化水平和创新能力前所未有地发展。由于复杂搜索引擎、虚拟现实、增强现实等信息技术的普遍使用，知识信息的传递和获取过程日益被计算机所代替。凡此种种的变革使教师角色发生脱胎换骨的变化：由知识传递者转变为知识创造者。教师首先要成为学科研究者，成为学科内容专家；其次要成为学生研究者，成为教育专家，谙熟学生如何学习的科学研究；最后要将学科研究与学生研究融为一体，将其转化为对学生的创造性学习的富有创造性的帮助与支持。

　　由此观之，未来教师即适应信息时代学生个人和社会发展需要，以追求新型教育民主并从事知识创造为根本特征的教师。新型教育民主是与数字化和全球化时代（即信息时代）相适应的教育民主，它将人的尊严（即学生的学习尊严和教师的专业尊严）视为教育的"首要善"，尊重人的个性差异和价值多元性，让人在交往与合作中发展具有复杂交往能力的自由个性，成为数字公民。知识创造是指教师将成为知识社会的知识工作者，像医生、律师、工程师、咨询师等专业人员那样创造知识，像学科专家那样研究学科，并帮助学生"像专家一样去思考"，培养学生的"专家思维"即善于解决复杂问题的高级能力。

我国包括职前和职后在内的整个教师教育体系迫切需要基于未来教育观和未来教师观进行重建，建立信息时代的教师教育新体系。

二、教师核心素养与教学想象

我国素养为纲的基础教育课程改革对教师发展和教师教育提供了前所未有的机遇，也提出了极大挑战。只有"素养本位教师"才能培养出"素养本位学生"。每一个教师不仅必须具有学生应具有的核心素养，而且还必须具有教师自身独有的核心素养。研究教师核心素养，并以此为目标实现教师教育体系重构，是我国当前教师教育改革的根本任务。

教师核心素养是教师解决教育情境中复杂问题的高级能力与人性能力。这种复杂问题主要包括：学生日益多元而复杂的个性化发展需求，信息时代的教育日益走向定制化，这对教师的学生研究和理解能力提出了前所未有的要求；学生的学科学习正在转变为运用学科大观念解决真实问题、经历真实实践、发展概念性理解及核心素养的过程，在这个过程中学生要像专家一样去思考，这必然要求教师由知识传递者转变为与学生一起创造知识并帮助学生创造的教育学科专家；学生的社会交往日益复杂和丰富，可以借助信息技术突破地域文化和空间的限制，与同伴、社会从业者、学科专家等进行复杂交往，这必然要求教师成为复杂交往者和学生社会交往的支持者、促进者。解决这些复杂问题需要教师持续发展以创造、交往和社会责任感为核心的高级能力和人性能力。这类能力即构成教师核心素养。

教师核心素养的本质是教师的理解力，包括教师的教育理解力、学生理解力、学科理解力、社会理解力等。一如美国著名教师教育专家、课程与教学论专家舒尔曼（Lee S. Shulman）所言："让理解者，去教学。"（Those who understand, teach.）（Shulman, 2004）[212]让教师从传递者走向理解者和创造者、从孤立者走向社会交往者，是信息时代对教师的必然要求。为达到这一目标，我们可进一步将教师核心素养具体化为以下几方面。

1. 学科专长

教师至少要成为一个学科领域的专家，具有学科智能；熟练掌握该学科的核心概念及大观念，并能运用该学科的思维方式或概念性理解解决真实情境中的复杂问题；熟悉该学科的真实实践，包括学科探究实践与学科应用实践，并能在真实情境中加以运用。

2. 跨学科理解

教师能够运用两种及以上学科的观念或思维解决真实问题，具有跨学科理解力；能够形成基于内在兴趣进行跨学科阅读和思考的习惯，既具有学科专长，又能超越学科专长的限制，具有自由思考的"业余性"（amateurism）（Said，1994）；能够在跨学科阅读与思考中持续发展批判意识和自由人格，实现专业发展与自由发展的融合。

3. 学科教学能力

教师能够将学科专长和跨学科理解与课堂教学建立内在联系，并将之转化为教学能力（Shulman，2004）[227]；能够将学科知识及跨学科知识转化为自己的经验与理解；能够用多种方式和途径表征学科知识，如范例、模型、应用、实验、绘画、叙事、比喻、类比、计算机模拟等；能够将学科知识及跨学科知识转化为学生的经验与理解；能够合理利用学生的前概念和错误概念帮助学生理解学科知识，对学科知识产生个人化理解。（Shulman，2004）[203]

4. 课程素养

教师具有课程理解与课程创生的意识和能力，能够根据学生的特殊需要创造性实施国家或地方课程，创生丰富多彩的校本课程；具有理解、获取和利用课程资源的能力，善于"用教材教"而不是"教教材"；能够在横向上将所教课程与学生同时学习的其他课程建立联系、加以整合，纵向上将所教内容与学生的先前学习与后续学习连续一贯，使课程内容与学生的理解力同时实现螺旋式上升。（Shulman，2004）[203-204]

5. 对学生学习的理解

教师对教育心理学、认知科学、学习科学等领域关于"学生如何学习"的研究进展具有敏感性，并善于将其转化为自己的教学实践；能够在自己的教学实践中及时研究学生的学习方式与特点；能够把自身实践经验与学术研究成果有机结合，研制描述学生概念性理解由简单到复杂程度前后相继的学习进阶并让课程创生建基于学习进阶；能够理解学生的个性差异，开展差异性教学。

6. 教育通识素养

教师对教育本质、教育目的、教育过程、教育历史、教育与社会的关系等有自己的理解和教育价值追求；能够运用课堂管理、教育管理等科学知识有效管理课堂和学校；能够选择并运用心理学的相关知识从事教育工作。

7. 信息通信技术素养

教师能够自由运用信息通信技术进行课程创生与教学设计，能够将信息通信技术恰当运用于教学过程；教师能够理解信息技术与课程内容、教学过程和学生学习的内在联系，善于选择和应用信息技术；教师能够始终对信息技术保持反思和批判意识，善于规避其对学生学习和发展的局限性，"用技术"而不是"被技术用"。

8. 社会交往能力

教师善于与学生交往，并在交往过程中帮助学生发展个人智能（intrapersonal intelligence）和人际智能（interpersonal intelligence），培养学生的复杂交往能力（Gardner, 2011b）；善于与同事交往，持续发展同事关系和专业共同体；善于与家长进行专业化交往，构建家校共同体；善于与社会从业人员和学术领域的专家交往，为学生发展创造资源；善于借助信息技术手段进行交往，帮助学生与更广阔的世界建立联系，发展全球视野和人类眼光。

9. 教师伦理

教师要具有教育"伦理智能"（ethical mind），在教育专业能力发展方面精益求精、永远进取（Gardner, 2008）[127-152]；要恪守教育法律、法规，具有社会性道德；要始终维护学生的最大利益，做每一个学生的伙伴、教育者和看护人。

教师核心素养不仅表征信息时代教师的培养目标，而且表征信息时代教师的教育哲学。在价值观上，教师教育以新型教育民主为根本追求。在认识论上，教师教育将教育知识创造或建构作为教师知识的本质，该知识的核心是学科教学知识或学科教学能力。在方法论上，教师教育将"如何研究学科"与"如何研究学生及学生学习"，即学科研究方法与学生研究方法，作为教育方法的本质。

教师需要立足每一个学生的独特发展特点与需求，植根真实的教育情境和社会情境，直面复杂的教育问题与社会问题，大胆想象解决问题的设想和方案，富有勇气地展开解决问题的行动，方能发展核心素养。对日复一日不断产生的真实问题情境，放飞教学想象，合作开展问题解决行动，既是教师发展核心素养的具体过程，又是教师核心素养发展水平的体现。何谓情境？杜威说："相互联系的整体……是情境的意蕴"（Dewey，2008）[72]；"情境……是一个特性化、存在性整体，它是独特的"。（Dewey，2008）[125]情境是一个人置身其中的不确定的、整体性和独特性的现实生活环境，它蕴含着问题、想象、探究与行动。每一个教师置身其中的情境——无论是工作情境还是生活情境，均是独特的存在性整体，这需要教师对自己所处情境的问题解决方案展开独特的想象，提出问题解决方案或假设，做出问题解决的推理或思想实验，然后以合作的方式投身解决问题的行动中。独特的想象与合作的行动既是教师的教学过程，又是教师的发展过程。教学即个人独立想象与合作性问题解决。

三、教师行为改进与教学创造

在信息时代，教师行为系教师核心素养的外部表现，教师核心素养是教师行为的内在心灵基础。改进教师行为需要基于教师核心素养的目标和理念进行整体变革。

（一）改变讲授主义和孤立主义倾向

讲授主义认为教师行为的本质是系统讲授，教师教育的本质是训练教师的讲授技能。这种观念的古代渊源是君主专制时期"下听上"的专制主义教育传统，近代基础是西方文艺复兴时期以夸美纽斯为代表所创立的"班级授课制"。在夸美纽斯看来，教师不需要理解所教的知识，只需要掌握传递知识的方法。既然一个造砖工人一窑可以烧几千块砖，一个烤面包师一炉可以烤几百个面包，为什么一个教师不能同时教几百个学生呢？这是班级授课制及讲授主义诞生时的历史背景和认识基础，它反映并满足了新兴资产阶级的代表"新教徒们"追求知识传递效率的需求。随着赫尔巴特"主知主义"及"教学形式阶段论"思想的提出，讲授主义在思想上得到进一步发展。而工业化运动的日益发展催生了"效率主义"管理哲学和"教育即生产"的思想，为讲授主义提供了社会基础。苏联的凯洛夫教育学则把从夸美纽斯到赫尔巴特的讲授主义与灌输主义合二为一，这不仅使讲授主义具有了不同于以往的新内涵，而且变成教育理论与实践的主导形态。在讲授主义看来，并非教师和学生不能在课堂上展开互动、研讨、对话和知识建构，而是不必要这样做，因为这会降低知识讲授和传递的效率和权威性。因此，讲授主义必然滋生孤立主义：教师孤立地讲，学生孤立地听。教学和学习的社会性荡然无存。讲授主义和孤立主义是阻碍面向信息时代教师行为改进的最大观念障碍。

（二）建立素养本位职前教师教育体系

我国职前教师教育体系主要由各类师范大学或学院、部分综合性大学或学院、部分高职学院构成。从课程内容到教学、评价和管理体系，讲授主义依然居于主导地位，突出表现是过度关注教师行为技能培训，沦为教师"技能主义"。必须从思想到体制根本改变"讲授主义+技能主义"，将学科专长、跨学科理解、学科教学能力、课程素养、对学生学习的理解等核心素养置于职前教师教育课程目标和内容的核心，将学科研究和学生研究方法论置于教学方法的核心。各类师范大学及其他职前教师教育机构要根据核心素养的发展要求，切实改变"老三门"（教育学、心理学、学科教学法）的陈旧内容与陈旧方法。要积极探索文理学院与教育学院协同联动、无缝对接的职前教师培养机制，如"3+2"（三年文理学院、两年教育学院）、"4+2"（四年文理学院、两年教育学院）等职前教师培养机制。要创新职前教师的学科知识，发展其对学科大观念的理解水平，培养学科探究与实践的能力，发展跨学科知识和对跨学科核心概念的理解能力。要更新职前教师的教育知识，着力发展其研究学生、课程创生和教学创新的能力。

（三）建立素养本位在职教师教育体系

要不断创新在职教师的培训方式。各级教育行政部门、各类在职教师培训机构要改变自上而下使教师被动接受培训的做法，改变"为培训而培训"的形式主义做法，改变理念落后、方法陈旧、效率低下的教师培训方法，使培训过程变成教师自主选择、主动参与、态度积极、成效显著的专业成长过程。各类教师培训机构必须根据教师核心素养的发展要求不断创新教师培训的内容、形式、方法与机制。要求学生做什么，教师首先要做到；要求教师做什么，教师教育者须率先垂范。为此，要大力倡导教师进行协作式行动研究，建议所有幼儿园、中小学都要把教师协作式行动研究作为促进教师专业成长、发展教师核心素养的基本途径。要把幼儿园、中小学变成教师专业发展共同体，鼓励教师通过同伴协作的方式解决工作中遇到的问题。要鼓励教师以班级或学校为单位，在工作过程中提出问题、制订解决问题的计划、根据计划展开行动、在行动中观察与收集数据、对所创造的数据展开系统反思，以使工作过程变成研究过程、问题解决过程。幼儿园与中小学要根据学校文化特点，使教师协作式行动研究常态化、制度化，不断提高幼儿园与中小学的专业化水平。要改变"培训=听报告"的传统做法，大力倡导丰富多彩的教师工作坊活动并将之制度化，让教师培训和教师日常教学工作实现无缝对接：用工作坊总结并引领教学创新，通过在教学工作中实施创新延续并发展工作坊。

（四）建立素养本位教师评价与管理制度

我国由各级教育行政部门主导的教师评价和管理体系总体上是基于

"讲授主义"而建立的，主要表现为依据教师是否"讲得好"、学生是否"考得好"来评价和管理教师。必须基于教师核心素养理念，依据教师是否"创造得好且指导得好"、学生是否"会做事并能创造"来建立新的教师评价和管理体系。无论是特级教师、骨干教师评比，还是各级教师督导，都必须彻底摆脱讲授主义、走向素养本位，让千万教师成为学科研究者、学生理解者和教育创造者，让广大中小学生和幼儿园儿童成为信息时代的做事人和负责任的创造者。

由此观之，让我国教师教育与教师管理真正走出讲授主义和孤立主义、走向核心素养培育与知识创造，让教师的教学行为持续在创造中、由于创造并为了创造，取消多如牛毛的各级各类统考、检查、评比、评奖、评级、督导，让教师的公开课成为自然而然进行的、以师生合作创造为特点的无法预先准备的公开课，让课堂教学告别"表演"，真正成为海德格尔所说的充满创造精神的"让学"，这是面向信息时代的教学想象。

让学生创造着长大，让教师创造着工作，这就是 21 世纪教师教育愿景。

四、让教师成为课程领导者

《义务教育课程方案（2022 年版）》指出："学校依据省级义务教育课程实施办法，立足本校办学理念，分析资源条件，制订学校课程实施方案，注重整体规划，有效实施国家课程，规范开设地方课程，合理开发校本课程。"教师是课程改革的主体。教师的课程素养和课程领导能力是教师主体意识的集中体现。教师首先是课程创生者，然后是学生学习的合作者与指导者。让每一个教师成为课程领导者，每一所学校形成独具特色的学校课程方案，每一个教师创生体现自己专业理解和风格的课程纲要，是素养本位课程改革的内在要求。

（一）课程领导的含义

课程处于教育的中心，课程领导处于教育领导的中心。教师是课程领导者，校长是首席课程领导者。

何谓课程领导？可以对其做如下定义：

> 课程领导系课程变革过程中不同课程利益相关者通过民主合作而进行的创新性课程工作，旨在促进教师的专业成长和学生的个性发展。它把民主合作与课程探究或问题解决化为一体，把课程变革实践与课程问题的反思批判熔于一炉，并与教学领导形成有机整体。它是20世纪70年代以后伴随教育民主化运动的深入、课程领域的"范式转换"和课程变革过程研究的深化而产生的新兴课程研究领域。（张华，2014）[4]

因此，课程领导是每一所学校、每一位校长、每一位教师针对工作过程中所遇到的真实课程问题，以协作问题解决为核心，以促进学生、教师和学校发展为目的的创新性课程工作。无问题解决与课程创新，则无真正的课程领导。

课程本质上不是外部学科知识，而是教师和学生自己的思想。课程领导本质上是将一切学科知识与每一个教师和学生自己的经验建立联系，与教师和学生置身其中的生活世界建立联系，由此促进教师和学生思想的持续发展。

课程领导是学校的核心工作。通过明智而持续进行的课程领导，构建每一所学校自己的课程体系，由此促进每一个学生的个性发展和每一位教师的专业成长，是我国基础教育课程改革"再出发"的核心任务。校长是学校课程领导的第一责任人。

（二）课程领导与课程理解的关系

课程领导与课程理解相互依存。如果说课程领导更多指向课程创新的行动与实践，那么课程理解则聚焦课程创新的观念与理论。没有课程理解，课程领导就是盲目且低效的；缺乏课程领导，课程理解则是虚妄与空洞的。

通过课程领导，可以促进教师和学生课程理解力的持续发展；通过课程理解，可以不断提高学校课程领导的水平与质量。由此形成课程理解与课程领导的良性循环。走向"理解本位的课程领导"，是方兴未艾的信息时代的必然要求。

走向课程理解，是课程理论与实践的共同追求与发展趋势。从课程理论看，超越"课程开发范式"、走向"课程理解范式"，是20世纪80年代以后世界课程理论发展的共同特点。"课程开发范式"罔顾课程的理论视野与价值追求，只关注"如何有效开发课程"，只探讨从确定课程目标、到选择和组织课程内容、再到评价课程方案的课程开发的具体程序，最终导致的结果是让课程沦为控制学生的工具。有鉴于此，"课程理解范式"则以教师、学生和课程研究者心灵的解放为根本目的。一切课程均基于特定价值观、知识观和方法论而存在，理解课程是通过课程获得解放的前提。课程本身以及课程研究，"是一种相当复杂的会话"（Pinar et al., 1995）[848]。课程领导显然是教师与学生、教师与教师、教师与家长和社会持续展开复杂会话的过程。从课程实践看，发展教师的课程理解力并由此发展学生的理解力是21世纪信息时代课程改革的根本追求。

发展教师的课程理解力是课程领导的直接目的。教师的课程创新是其教学创新的前提。每一个教师需要始终研究下列问题：我所教授的学科的本质是什么，它产生与发展的历史过程如何？本学科的学科思维的主要特点是什么，如何基于学科思维探究真实问题？本学科与其他学科关系如何，如何结合其他学科相关内容以解决综合性问题？学科内容中是否存在意识形态偏见，如何予以批判与转化？学科内容中有哪些不适合自己学生发展的方面，如何进行修改、补充或转化？如此等等。基于对课程问题的思考，在工作过程中通过反思性实践具体解决这些问题，由此将普遍的官方课程转化为体现每一个教师的思想和风格的"教师课程"，这是课程领导的核心。在此过程中，教师的课程意识、课程创造能力获得持续发展。

发展学生的理解力是课程领导的终极目的。有意义的课程领导需要有明确而先进的价值取向——培养符合信息时代要求的新人。这种"新人"即拥有批判性思维、创造性思维和协作性思维等核心素养的具有自由个性的人。通过课程领导，将任何课程转化为适合任何年龄阶段的任何学生的探究主题或问题，帮助学生学会运用学科观念解决真实问题，由此持续发展理解力。对任何一门学科而言，不是内容越多、越宽、越泛越好，而是越精、越深、越适合越好。对整个学校课程体系而言，不是课程门类越多越好，而是课程结构越整体、越和谐越好。因此，课程领导的重心应放在精选学科核心观念、创设真实问题情境、转变学生学习方式上，让学生将学习过程变成亲自从事学科实践与生活实践的过程，并由此发展理解力与创造性。

（三）学校课程方案与课程纲要

学校课程领导依赖于教师课程权利意识的觉醒。课程领导权是教师专业自主权之核心。无论教师多么试图忠实执行源自国家和地方的官方课程指令，教师对课程的改变是不可避免的。教师是课程的"体现者"。此"体现"过程，即对课程的改变过程。既然如此，教师应根据自己的专业特长和学生的发展需求，自觉而主动地对包括官方课程在内的一切课程进行调适与创生。学校中的一切课程首先是"教师课程"，教师的经验与思想具有课程意义。试图悬置教师的经验与思想而让教师自上而下忠实执行官方课程指令不仅难以奏效，而且会带来教师与学生人格的扭曲和创造性的泯灭。

我国当前的基本课程政策是采用国家、地方与学校"三级课程管理"。理解"三级课程管理"的实质以及国家课程、地方课程与学校课程三类课程的关系，是教师从事课程领导的关键。"三级课程管理"不是课程决策权的机械分割和僵化组合，其实质是课程决策权力的分享、互动与整合。倘认为国家课程权力最大、地方次之、学校最小，那教师的课程领导或创造权力就必然被置于可有可无的境地，学校则会变成类似军营般执行命令的机构。这是对"三级课程管理"最大、最常见的误解。事实上，从国家到地方再到学校，是课程权力逐步扩大的过程，每一级的课程权力融合、发展了上一级的权力。对教师而言，因其直接面对每一个学生，又充分理解了国家和地方的课程愿景与要求，其课程权力最包容、最广大、最具体、最直接。因此，各级教育行政机构必须从课程、教学与评价的专业领域退出，归还教师的专业自主权。这也属于所谓的"用人不疑"，否则就没有真正的课程领导或创新。相应地，每一个教师必须充分理解国家和地方的课程政策、法规与文件，包括课程方案、课程标准、教科书等，这既有助于教师明确课程领导的方向、价值追求和实践策略，又能够使教师的课程创新具有法律与法规的依据和保障。

国家课程、地方课程、学校课程之间同样不是机械组合的关系，而是层层具体化、不断深化、有机统一的关系。具体到每一所学校，则只有一类课程，即校本课程。抽象的国家课程与地方课程不过是鲜活而具体的校本课程的构成因素而已。因此，校本课程包括相互联系的两个方面：一是国家课程与地方课程的校本化实施和创生，二是打上鲜明学校文化烙印的学校特色课程。是否开发学校特色课程，可视学校的条件和学生的发展需要而定，但每一所学校均应创造性实施国家与地方课程，这才是学校课程领导的主体内容。

每一所学校形成自己的独特课程体系，这既是学校课程领导水平的标志，又是学校专业化的核心内涵。该体系的最上位构成是学校课程方案。它由如下部分构成：（1）学校教育哲学或学校使命，回答学校的教育目的或价值追求，总体描绘受过本学校教育的学生的理想人格形象；（2）课程目标，具体阐述所有课程所指向的目标或结果；（3）课程框架，总体描述学校课程类型及其结构关系；（4）课程实施，总体阐述本学校教师的教学特点与学生的学习要求；（5）课程评价与管理，总体阐述对学生和教师的评价与管理方式。在此学校课程方案的引领下，全体教师共同创造不同年级的具体课程内容及相应修习方式。

每一个教师都应形成自己的课程纲要（syllabus）。无论教师教多少门学科，每一门学科均应有独特的课程纲要。它包括：（1）课程目标；（2）学习要求；（3）课程内容及学习安排；（4）课程评价；（5）参考文献与学习支持体系。此课程大纲应提供给每一个修习此课程的学生，学生据此展开学习。课程大纲是动态发展的，要根据教师的专业特点和学生的学习需要持续更新与发展。

每一所学校简明实用的学校课程方案与每一个教师特色鲜明的课程纲要，是学校课程领导专业化水平的基本标志。

（四）教师课程领导的方法

当前，我国教师的课程领导行为应聚焦三个方面，即整合、转化与创生。

学会课程整合。由于学术专业领域的差异、学术共同体的分工以及社会条件的制约，基础教育领域的课程体系主要以分科形态呈现。即便国家设置一些综合课程如科学、社会、艺术等，也是少量的。分科课程体系的设置，主要为了管理的方便，它既非学科领域自身发展状况的体现，也非学生发展的要求。走向以校为本的课程整合，是创造性实施国家和地方课程的关键，是学校课程领导的重要内容。一百多年以前，英国哲学家怀特海睿智地指出："教育只有一门学科，那就是完整表现的生活。"（Whitehead, 1929）[6-7]"完整表现的生活"理应成为信息时代课程整合的总原则。首先，走向学科内整合。超越学科事实或知识点的机械堆砌，精选体现学科思维的少量学科核心观念，让这些观念彼此间建立联系、与学生的日常生活建立联系，由此形成学生的学科探究情境。其次，走向学科间整合。寻找不同学科思维方式之间的共同要素，发现跨学科概念，由此建立学科之间的有机联系。与此同时，撷取对学生具有重要价值的真实生活主题，运用不同学科视角探究同一主题，由此建立学科间联系并发展学生的跨学科思维。再次，走向课时整合。超越固定课时制，走向弹性课时制。根据探究课题的需要设置教学时间——课题即课时。最后，走向教育空间整合。打破教室固定空间的限制，让学生走向世界并融入生活去学习、体验与探究——世界即课堂。

学会课程转化。教师的课程领导需要实现两个转化：第一，通过自己的学科研究，将所教授的学科知识转化为自己的理解；第二，在研究学科与研究学生的基础上，帮助学生将学科知识转化为学生的理解，进而促进学生个性与创造性发展。前者可称为"教师的转化"，由此形成"教师课程"；后者可称为"学生的转化"，由此形成"学生课程"。教师即课程，学生即课程，形成两种转化、两类课程的融合，是教师课程领导的重要艺术。

学会课程创生。既然教师对课程的改变是不可避免的，那就有意识地去改变、从事有教育意义和价值的改变。因此，教师在实施一切自上而下的官方课程时，均应因时、因地制宜，基于自己的专业特长，以学生的个性发展为目的，从事富有创新性的课程工作。教师需要摒弃课程实施的"忠实取向"，走向"创生取向"。课程即过程，课程即生长。无论是实施国家与地方课程，还是开发学校特色课程，教师要让所教的课程永远处于创生过程中。教师要学会通过自己的创新精神和课程创生行为，激发学生的创新精神和创造性学习行为。

课程整合是为了课程转化，通过课程转化实现课程创生，并最终指向教师和学生创新精神的发展，是教师课程领导的本质与价值追求。

后　记

本书主要是 2015 年以来我参与教育部素养本位课程改革过程中所形成的一些观点。

我第一次参加国家基础教育课程改革的时间是 1999 年 3 月 3 日，这天是农历正月十六，导师钟启泉教授安排我去南京参加教育部课程改革工作会议，会议主题是起草国家《基础教育课程改革纲要（试行）》，从此踏上课程改革的漫漫旅程。我参加课程改革 23 年的历程可大致分为两个阶段：第一阶段从 1999 年至 2014 年，可称为素质教育课程改革时期；第二阶段从 2015 年 1 月至今，可称为素养本位课程改革时期。

第一阶段的核心理念是"为了每一个学生的发展"，旨在从应试教育的桎梏中解放每一个学生和教师，无论大家如何评价 2001 年课程改革的成败得失，但具有鲜明教育民主特色的新课程理念已深入人心，这是不争的事实和重要成就。我认为这是课程改革的"价值论阶段"。

第二阶段的根本目的是"发展每一个学生的核心素养"，是在教育价值观改变的基础上进一步走向教育认识论的改变，其深层变革是在课程与教学领域超越"双基"，走向"理解"。传统"双基"教育是变着法儿让学生尽可能多地掌握知识与技能，这与核心素养的要求相距甚远。核心素养是具有创造力和行动力的精神"肌肉"，学科知识和解题技能只是精神"皮毛"和"皮下脂肪"。发展核心素养的前提是让学科知识从事实走向理解。因此，当前课程改革进入"深水区"、走向深度变革阶段——认识论阶段。因为核心素养是 21 世纪信息时代每一个公民的基本素养，因而素养本位课程改革的任务是构建信息时代基础教育课程与教学新体系。

我深知核心素养不是一个尽善尽美的术语，因其对应的英文词 competency（即素养）含有很强的工具化和功利性色彩。但核心素养可能是当下语境中能够使用的最好词汇，因其主要内涵是解决复杂问题的高阶思维能力，这是我国教育和社会最缺乏的，也是我国教育改革要解决的根本问题。从核心素养所引出的教育理念是让学生创造着长大。传统教育试图让学生长大了再创造，这是对教育本质的长久误解。试想：一个人长到18岁高中毕业或22岁大学毕业，从未在学习中品尝过"创造的果实"的美味，当他或她走上社会、参加工作的时候，怎能成为负责任的创造者？期待长大了再创造，等真正长大以后，则悔之晚矣。

纵观人类文明史，特别是17世纪科技革命以来的历史，人类史上的重大科技发明与创造呈现两个鲜明特点：第一，发明者或创造者做出重大发现时年龄小，例如牛顿在二十几岁就已做出数学和力学的主要突破，爱因斯坦一生最具创造力的时间是他26岁在瑞士伯尔尼专利局做专利员这一年，凡·高遽然离世的这一年也不过37岁，如此等等；第二，做出发明或创造的偶然性大。第一个特点告诉我们，哪个国家的基础教育宽松自由、考试竞争压力小，哪个国家的国民创造潜力就更大。第二个特点昭示我们：哪个国家的文化、制度和社会舆论包容性大，哪个国家的创造发明存活的可能性就大。我真诚期待"让学生创造着长大"不仅是基础教育课程改革的理念，也能成为我国整个教育制度，特别是"高利害"外部评价制度的基本理念。

深深感激恩师钟启泉教授将我引入课程研究领域并教诲我成长！衷心感谢几十年来教育理论界、实践界和决策界志同道合的朋友们、同事们！你们的呵护与帮助让我深深感到：走向教育启蒙的道路虽然艰难，但并不孤单。我们会一直走下去。

感谢责任编辑池春燕智慧、精彩和专业的建议，以及为本书的辛勤付出！她的建议我几乎"照单全收"。

诚祈广大读者批评指正。

张华

2022年4月30日，识于西子湖畔

参考文献

» 中文文献

爱因斯坦，2011. 爱因斯坦文集（第一卷）[M]. 许良英，等编译. 北京：商务印书馆.

彼格斯，科利斯，2010. 学习质量评价：SOLO 分类理论（可观察的学习成果结构）[M]. 高凌飚，张洪岩，主译. 北京：人民教育出版社.

C. C. 2019. 2019 中国互联网发展报告发布：网民数量达到 8.29 亿 [EB/OL]. [2019-12-21]. https://news.znds.com/article/39223.html.

杜威，2004. 确定性的寻求：关于知行关系的研究 [M]. 傅统先，译. 上海：上海人民出版社.

国际文凭组织，2014. 在中学项目中培育跨学科教学与学习 [EB/OL]. [2022-08-08]. https://www.ibo.org.

胡适，2001. 胡适学术文集·哲学与文化 [M]. 北京：中华书局.

凯洛夫，1950. 教育学 [M]. 沈颖，南致善，等译. 北京：人民教育出版社.

李泽厚，2008. 中国现代思想史论 [M]. 北京：生活·读书·新知三联书店.

李泽厚，2010. 伦理学纲要 [M]. 北京：人民日报出版社：102.

联合国教科文组织，2017. 反思教育：向"全球共同利益"的理念转变？[M]. 联合国教科文组织总部中文科，译. 北京：教育科学出版社.

陆谷孙，1993. 英汉大词典缩印本 [M]. 上海：上海译文出版社：346.

吕达，1999. 课程史论 [M]. 北京：人民教育出版社：296-302.

全国教育联合会新学制课程标准起草委员会，1925. 新学制课程标准纲要 [M]. 上海：商务印书馆．

坦纳 D，坦纳 R，2006. 学校课程史［M］．崔允漷，等译．北京：教育科学出版社．

汤一介，2006. 我的哲学之路［M］．北京：新华出版社：146-147.

王策三，2004. 认真对待"轻视知识"的教育思潮：再评由"应试教育"向素质教育转轨提法的讨论［J］．北京大学教育评论（3）：5-23.

王策三，2005. 教学论稿［M］．2 版．北京：人民教育出版社．

王策三，2008."新课程理念""概念重建运动"与学习凯洛夫教育学［J］．课程・教材・教法（7）：3-21.

王策三，2010. 台湾教改与"我们的课改"［J］．教育学报（3）：10-15.

张华，2001a. 论"综合实践活动"课程的本质［J］．全球教育展望（8）：10-18.

张华，2001b. 关于综合课程的若干理论问题［J］．教育理论与实践（6）：35-40.

张华，2001c. 经验课程论［M］．上海：上海教育出版社：104-107.

张华，2002. 我国基础教育新课程的价值转型与目标重建［J］．语文建设（1）：4-6.

张华，2013. 论我国普通高中教育的性质与价值定位［J］．教育研究，34（9）：67-71.

张华，2014. 论课程领导［J］．教育发展研究，33（2）：1-9.

张华，2016. 论核心素养的内涵［J］．全球教育展望，45（4）：10-24.

张华，2017. 体现时代精神的综合实践活动课程：理念与实践［J］．人民教育（22）：40-43.

张华，2018. 论理解本位跨学科学习［J］．基础教育课程（22）：7-13.

张华，2019. 论学科核心素养：兼论信息时代的学科教育［J］．华东师范大学学报（教育科学版），37（1）：55-65，166-167.

张华，2020. 儿童认识论的转型［J］．南京师范大学学报（社会科学版）（4）：36-49.

中华人民共和国教育部，2018. 普通高中语文课程标准（2017 年版）［M］．北京：人民教育出版社：4.

中华人民共和国教育部，2022. 义务教育课程方案（2022 年版）［M］．北京：北京师范大学出版社：11.

钟启泉，2005. 概念重建与我国课程创新：与《认真对待"轻视知识"的教育思潮》作者商榷［J］．北京大学教育评论（1）：48-57.

钟启泉，2009. 凯洛夫教育学批判：兼评"凯洛夫教育学情结"［J］．全球教育展望，

38（1）：3-17.

钟启泉，崔允漷，张华，2001. 为了中华民族的复兴　为了每位学生的发展　《基础教育课程改革纲要（试行）》解读［M］. 上海：华东师范大学出版社.

钟启泉，等，2004. 发霉的奶酪：《认真对待"轻视知识"的教育思潮》读后感［J］. 全球教育展望，33（10）：3-7.

》英文文献

ACHIEVE, 2015. The Role of Learning Progressions in Competency-based Pathways［EB/OL］.［2022-03-20］. http：//www.achieve.org/files/Achieve-LearningProgressionsin-CBP.pdf.

APOSTEL L, BERGER G, BRIGGS A, MICHAUT G, 1972. Interdisciplinarity：Problems of Teaching and Research in Universities［M］. Paris：Organization for Economic Co-operation and Development.

BLYTHE T et al., 1998. The Teaching for Understanding Guide［M］. San Francisco：Jossey-Bass Publishers.

BRUNER J, 1961. After John Dewey, What?［J］. Saturday Review (Educational Supplement).

BRUNER J, 1966. Toward a Theory of Instruction［M］. Cambridge, MA：The Belknap Press of Harvard University Press.

BRUNER J, 1973. Beyond the Information Given［M］. New York：Norton.

BRUNER J, 1977. The Process of Education［M］. Cambridge, MA：Harvard University Press.

BRANSFORD J, BROWN A, COCKING R, 2000. How People Learn (Expanded Edition)［M］. Washington, D.C.：National Academy Press.：79-113.

Buck Institute for Education, 2014. PBL Overview：What is Project-Based Learning?［EB/OL］［2014-05-26］. http：//www.pblworks.org/what-is-pul.

CHARD S C, 1998. The Project Approach：Managing Successful Project：Book 2［M］. New York：Scholastic.

CHARD S C, 2014. Project Definition［J/OL］.［2014-06-18］. http：//www.project-approach.com/definition.html.

DEDE C, 2008. A Seismic Shift in Epistemology［J］. Educause, 43（3）：80.

DEDE C, 2010. Technological Supports for Acquiring 21st Century Skills [M]//BAKER E, MCGAW B, PETERSON P. International Encyclopedia of Education. 3rd Edition. Oxford, UK: Elsevier.

DEWEY J, 1934. Art as Experience [M]. New York: The Berkley Publishing Group.

DEWEY J, 1937/1987. The Challenge of Democracy to Education [M]//John Dewey: The Later Works, 1925-1953. Vol. 11. Carbondale, IL: Southern Illinois University.

DEWEY J, 1972. The Early Works, 1882-1898. Vol. 5 [M]. Carbondale, IL: Southern Illinois University Press.

DEWEY J, 1979. The Middle Works, 1899-1924. Vol. 7 [M]. Carbondale, IL: Southern Illinois University Press.

DEWEY J, 1980. The Middle Works, 1899-1924. Vol. 9 [M]. Carbondale, IL: Southern Illinois University Press.

DEWEY J, 1984. The Later Works, 1925-1953. Vol. 5 [M]. Carbondale, IL: Southern Illinois University Press.

DEWEY J, 2008. The Middle Works, 1899-1924. Vol. 1 [M]. Carbondale, IL: Southern Illinois University Press.

DOLL W E, 2012. Pragmatism, Post-Modernism, and Complexity Theory [M]. New York: Routledge.

ELGIN C, 1991. Understanding: Art and Science [M]//FRENCH P A, UEHLING TE Jr., WETTSTEIN H. Philosophy and the Arts, Midwest Studies in Philosophy. Notre Dame: University of Notre Dame Press.

ELGIN C, 2006. From Knowledge to Understanding [M]// Epistemology Futures. Stephen Hetherington. Oxford: Clarendon.

ERICKSON H L, 2008. Stirring the Head, Heart and Soul: Redefining Curriculum, Instruction, and Concept-Based Learning [M]. 3rd ed. Thousand Oaks, CA: Corwin.

ERICKSON H, LANNING L, 2014. Transitioning to Concept-Based Curriculum and Instruction [M]. Thousand Oaks, CA: Corwin.

FRODEMAN R, 2010. The Oxford Handbook of Interdisciplinarity [M]. Oxford: Oxford University Press.

GALLAS, K, 1994. The Languages of Learning: How Children Talk, Write, Dance, Draw, and Sing Their Understanding of the World [M]. New York: Teachers College Press.

GARDNER H, 2000. The Disciplined Mind: Beyond Facts and Standardized Tests, The

K—12 Education that Every Child Deserves [M]. London: Penguin Books Ltd.

GARDNER H, 2008. Five Minds for the Future [M]. Boston, MA: Harvard Business Press.

GARDNER H, 2011a. The Unschooled Mind [M]. New York: Basic Books.

GARDNER H, 2011b. Frames of Mind: The Theory of Multiple Intelligence [M]. New York: Basic Books: 253.

GORDON J, et al., 2009. Key Competences in Europe: Opening Doors for Lifelong Learners across the School Curriculum and Teacher Education [M]. Warsaw: CASE–Center for Social and Economic Research.

GREENE M, 1992. Beyond the Predictable: A Viewing of the History of Early Childhood Education [M]//WILLIAMS L, FROMBERG D. Encyclopedia of Early Childhood Education. New York: Routledge: 32.

HUSSERL E, 1970. The Crisis of European Science and Transcendental Phenomenology [M]. Evanston: Northwestern University Press.

KANT I, 1992. Lectures on Logic [M]. Cambridge, UK: Cambridge University Press.

KANT I, 1996. Critique of Pure Reason [M]. Indianapolis: Hackett.

KATZ L G, CHARD S C, 2000. Engaging Children's Minds: The Project Approach [M]. 2nd ed. Stamford, Connecticut: Ablex Publishing Corporation.

KILPATRICK W H, 1918. The Project Method [J]. Teachers College Record, (19): 319-335.

KILPATRICK W H, 1925. Foundations of Method: Informal Talks on Teaching [M]. New York: Macmillan.

KLEIN J, 2005. Integrative Learning and Interdisciplinary Studies [J]. Peer Review: 8.

KNOLL M, 1997. The Project Method: Its Vocational Education Origin and International Development [J]. Journal of Industrial Teacher Education, 34 (3): 59-80.

LAVE J, WENGERE E, 1991. Situated Learning: Legitimate Peripheral Participation [M]. Cambridge, UK: Cambridge University Press.

LEVY F, MURNANE R J, 2004. The New Division of Labor: How Computers are Creating the Next Job Market [M]. Princeton, NJ: Princeton University Press: 53-54.

MEDWELL J, et al., 2019. Concept-Based Teaching and Learning: Integration and Alignment across IB Programmes [M]. International Baccalaureate Organization: 25-29.

National Research Council, 2006. Systems for State Science Assessment [M]. Washington, D. C.: The National Academies Press.

National Research Council, 2012. A Framework for K—12 Science Education: Practices, Crosscutting Concepts, and Core Ideas [M]. Washington, D. C.: The National Academies Press.

NODDINGS N, 2012. Competence. Paper Presented to the Curriculum Inquiry Conference, Pennsylvania State University [M]// DOLL W E. Pragmatism, Post-Modernism, and Complexity Theory. New York: Routledge: 68.

OECD, 2005. The Definition and Selection of Key Competencies [M/OL]. [2015-07-21]. http://www.oecd.org/dataoecd/47/61/35070367.

PAPERT S, 1991. Situating Constructionism [M]// HAREL I, PAPERT S. Constructionism. Hillsdale, NJ: Lawrence Erlbaum Associates.

PAPERT S, 1993. The Children's Machine: Rethinking School in the Age of the Computer [M]. New York: Basic Books: 155.

Partnership for 21st Century Skills, 2002. Learning for the 21st Century: A Report and a Mile Guide for 21st Century Skills. [R/OL]. [2016-03-16]. http://www.p21.org/storage/documents/p21_Report.

Partnership for 21st Century Skills, 2011. The Intellectual and Policy Foundations of the 21st Century Skills Framework [R/OL]. [2016-02-07]. http://www.p21.org/storage/documents/Intellectual_ and_ Policy_ Foundations.

Partnership for 21st Century Skills, 2015. P21 Framework Definitions [R/OL]. [2016-02-04]. http://www.p21.org/about-us/p21-framework.

PERKINS D, 1992. Smart Schools [M]. New York: Free Press.

PERKINS D, 1993. Teaching for Understanding [J]. American Educator, 17 (3): 28-35.

PINAR W, et al., 1995. Understanding Curriculum [M]. New York: Peter Lang.

PRICE L, 1954. Dialogues of Alfred North Whitehead [M]. Boston, MA: Little Brown.

RICHARDS C R, 1990. The Function of Handwork in the School [J]. Teachers College Record, (1): 249-259.

RORTY R, 1980. Philosophy and the Mirror of Nature [M]. Princeton: Princeton University Press.

RYCHEN D, SALGANIK L, 2000. Definition and Selection of Key Competencies [M]. Neuchatel: Swiss Federal Statistical Office.

RYCHEN D, SALGANIK L, 2003. Key Competences for a Successful Life and Well-Functioning Society [M]. Gottingen: Hogrefe & Huber.

SAID E W, 1994. Representations of the Intellectual [M]. New York: Vintage Books.

SARTRE J, 2007. Existentialism is a Humanism [M]. New Haven: Yale University Press.

SAWYER R K, 2014. The Cambridge Handbook of Learning Sciences [M]. 2nd ed. New York: Cambridge University Press.

SHIEL T, 2017. Designing and Using Performance Tasks: Enhancing Student Learning and Assessment [M]. California: Corwin.

SHULMAN L, 2004. The Wisdom of Practice [M]. San Francisco, CA: Jossey-Bass.

SHULMAN L, 2005. Signature Pedagogies in the Professions [M]. Daedalus: Summer.

SIZER T, 1984. Horace's Compromise: The Dilemma of the American High School [M]. Boston: Houghton Mifflin Company.

TABA H, 1962. Curriculum Development: Theory and Practice [M]. New York: Harcourt, Brace & World, Inc.

The Michigan Assessment Consortium, 2017. Performance Assessment: What is it and Why is It Useful [J/OL]. [2022-03-30]. http://www.michiganassessmentconsortium.org.

The Secretary's Commission on Achieving Necessary Skills, U.S. Department of Labor, 1991. What Work Requires of Schools: A SCANS Report for America [R]. The Secretary's Commission on Achieving Necessary Skills, U.S. Department of Labor.

THOMAS J W, 2000. A Review of Research on Project-Based Learning. [J/OL] [2014-04-12]. http://www.autodesk.com/foundation.

VOOGT J, ROBLIN N, 2012. A Comparative Analysis of International Frameworks for 21st Century Competences: Implications for National Curriculum Policies [J]. Journal of Curriculum Studies, 44 (3): 299-321.

WEBSTER T, 1990. Projects as Curriculum: Under What Conditions? [J]. Childhood Education, 67 (1): 2-3.

WHITEHEAD A, 1929. The Aims of Education and Other Essays [M]. New York: The Free Press.

WHITEHEAD A, 1978. Process and Reality [M]. New York: The Free Press: 22.

WIGGINS G, 1993. Assessing Student Performance [M]. San Francisco, CA: Jossey-Bass. Emphases original.

WIGGINS G, 1998. Educative Assessment [M]. San Francisco, CA: Jossey-Bass.

WIGGINS G, MCTIGHE J, 2005. Understanding by Design [M]. Expanded 2nd Edition. Alexandria, VA: ASCD.

WILLAMS L, FROMBERG D, 1992. Encyclopedia of Early Childhood Education [M]. New York: Routledge.

WILLIAMSON B, 2013. The Future of the Curriculum [M]. Cambridge, MA: MIT Press.

WINEBURG S, GROSSMAN P, 2000. Interdisciplinary Curriculum: Challenges to Implementation [M]. New York: Teachers College Press.

WISKE M, et al., 1998. Teaching for Understanding [M]. San Francisco, CA: Jossey-Bass.

WOODWARD C M, 2016. The Manual Training School, Comprising a Full Statement of Its Aims, Method, and Results [M]. Boston: Heath.

ZHANG H, 2009. The Ongoing Curriculum Reform in China: Philosophy, Objectives, and Structure [M] //ROPE E & TERO A. International Conversations on Curriculum Studies: Subjects, Society, and Curriculum. Rotterdam: Sense Publishers.

ZHANG H, ZHONG Q Q, 2003. Curriculum Studies in China: Retrospect and Prospect [M] // PINAR W. International Handbook of Curriculum Research. New Jersey: Lawrence Erlbaum: 262-263.

ZHANG H, 2017. Curriculum Reform and Research in China: A Social-Historical Perspective [M] //John Chi-Kin Lee & Kerry J. Kennedy. Theorizing Teaching and Learning in Asia and Europe: A Conversation Between Chinese Curriculum and Europe Didactics. London and New York: Routledge: 15-37.

出 版 人　郑豪杰
策划编辑　池春燕
责任编辑　池春燕　代周阳
版式设计　孙欢欢
责任校对　马明辉
责任印制　叶小峰

图书在版编目（CIP）数据

让学生创造着长大：2022年版义务教育课程方案和课程标准核心理念解析／张华著. —北京：教育科学出版社，2022.10（2023.9重印）
　ISBN 978-7-5191-3238-5

Ⅰ. ①让…　Ⅱ. ①张…　Ⅲ. ①课程设置—中小学 ②课程标准—中小学　Ⅳ. ①G632.3

中国版本图书馆CIP数据核字（2022）第170481号

让学生创造着长大
RANG XUESHENG CHUANGZAO ZHE ZHANGDA

出版发行	教育科学出版社		
社　　址	北京·朝阳区安慧北里安园甲9号	邮　　编	100101
总编室电话	010-64981290	编辑部电话	010-64989441
出版部电话	010-64989487	市场部电话	010-64989009
传　　真	010-64891796	网　　址	http://www.esph.com.cn
经　　销	各地新华书店		
制　　作	北京金奥都图文制作中心		
印　　刷	北京市大天乐投资管理有限公司		
开　　本	720毫米×1020毫米　1/16	版　　次	2022年10月第1版
印　　张	14.25	印　　次	2023年9月第5次印刷
字　　数	200千	定　　价	49.80元

图书出现印装质量问题，本社负责调换。